이순신, 최후의 명령
戰方急

송유계 지음

이순신,
최후의 명령 戰方急

1판 1쇄 발행 2024년 08월 23일

지은이 송유계

교정 주현강 **편집** 김해진 **마케팅·지원** 김혜지

펴낸곳 주하움출판사 **펴낸이** 문현광

이메일 haum1000@naver.com **홈페이지** haum.kr
블로그 blog.naver.com/haum1007 **인스타** @haum1007

ISBN 979-11-6440-623-4 (03910)

일러두기 ────────────

1. '난중일기 완역'은 'DAVINCI 원문', '한국고전DB', '충무공 이순신 난중일기', '임진장초' 등을 활용하였고 여러 선행 연구자의 완역 내용과 비교하여 확인하였다.
2. '텍스트마이닝(Text Mining)'은 비정형 데이터인 텍스트를 수집하여 TF-IDF(Term Frequency-Inverse Document Frequency), 동시 출현 단어 분석(Co-Occurrence Analysis) 등을 분석하여 단어 간 빈도, 관계성, 사실, 유형, 특성 등을 종합적이고 체계적으로 연구하는 방법이다. '사회 연결망 분석(Social Network Analysis)'은 중심성(Centrality)을 기준으로 '권력관계와 영향력'을 심도 있게 판단할 수 있다. 텍스톰(Textom) 솔루션에 탑재된 Espresso K형태소 분석기를 활용해 전처리 과정을 거쳤으며, Ucinet6 프로그램과 NetDraw를 활용하여 도식했다.
3. 이순신에 대한 표기는 이순신, 충무공 이순신으로 통일한다. 장관급인 정2품 정헌대부, 사후에는 국무총리 격인 정1품 승록대부에 추서된 점, ≪충무공 전서≫ 편찬 시 충무공으로 호칭을 통일한 점 등을 고려했다.
4. 한글 표기를 기본으로 필요한 경우 '한글 한자'로 표현했다.
5. 720년에 ≪일본서기≫가 편찬되어 일본 국명의 뿌리가 된다는 면에서 '왜倭'가 아니라 일본으로 사용하며, 조선에 침입한 무리는 '왜구'라는 해적이 아니라 '정규군'이었으므로 '일본군'으로, '왜란'보다는 '7년전쟁', '조일전쟁'으로 표기했다.
6. 인용문의 경우 가능한 미주에 밝혀 두어 지식의 폭을 넓힐 수 있게 하였으며, 각종 도표와 그림 등을 추가하여 독자의 이해를 돕고자 했다.

차 례

조일전쟁 7년 85개월 2,539일 중 **1,593일의 기록**

이 책은 오랫동안 충무공 이순신을 흠모하는 마음과 관심에서 출발했다. 수많은 위기와 갈등 속에서 인간 이순신은 어떻게 어려움을 헤쳐 나가며 자신이 사랑했던 나라와 백성을 지켜 낼 수 있었을까? 그 혜안과 지혜의 실체를 현시해내고 싶었다.

나라와 백성을 사랑하는 지고지순한 마음, 강한 책임감과 고도의 전략 전술을 펼쳐 낸 정수, 위기에 처했을 때 헤쳐나갈 수 있었던 방법과 지혜의 요체는 무엇이었을까?

여러 방법을 궁리하던 차에 이순신이 남긴 《난중일기》와 공식 문서인 《임진장초》를 빅데이터로 분석해 보기로 했다. 연구자의 간주관적 주장이 아니라 빅데이터를 활용해 과학적으로 이순신과 이순신의 전장戰場을 바라볼 수 있다면 그 의미는 지대하다고 여겼다.

"나는 어떤 목적으로 이 책을 쓰고 있는가?", "이 책은 어림잡아 200여 권이 넘는 수많은 이순신 책과 무엇이 다른가?" 이런 질문을 끊임없이 해 가며 이순신 관련 서적은 모두 읽으려 애썼고, 이순신이 태어나고 자란 곳을 찾아가 그분의 생각을 되살리고자 했다. 남해안 구석구석 이순신이 고뇌하고 승리했던 전적지를 답사하며 흔적과 생각의 자취를 밟아 보았다.

오늘날 우리가 첨단 과학 기술이 발달한 문명사회에 살고 있으면서 420여 년이 지난 후에도 이순신을 기억하는 것은 그가 이 나라를 위해 지대한 공을 세운 위대한 인물이기 때문이다. 높은 통찰력으로 대관소찰大觀小察하며 피비린내 나는 전장의 최일선에서 자신의 몸을 던져 가며 필사즉생必死則生의 각오로 전쟁에 임해 국난을 극복해 냈으니, 진정한 구국의 명장名將이다.

이순신 최후의 명령, 전방급

필자가 가장 존경하는 인물, 이순신을 따라 배우고자 시작한 이 글이 역사적 사실과 평가를 왜곡시키지 않을까 염려가 없지는 않았다. 그러나 새로운 관점과 과학적 방법을 활용한 이순신의 생각, 상황, 지혜에 대한 탐구는 너무 중요한 일이다. 지금 처한 우리의 안보 현실이 420여 년을 거슬러 이순신의 상황과 다르지 않으리라 여기기 때문이다.

이 책은 필자의 독자적인 연구 성과이기보다 여러 분야 석학의 연구 성과와 관련 기관의 다양한 공개 연구 자료를 토대로 재조명하였다는 점을 밝혀 둔다. 위대한 전략사상가 이순신의 지혜가 이 시대를 살아가는 후손의 미래를 밝혀 주는 등불이 되기를 고대하며 이 책을 바친다.

자국의 국익을 최우선하는 냉엄한 시대를 살아가는 우리에게 전방급을 외친 충무공 이순신의 마지막 유지가 눈앞에 절절하다. 전방급戰方急이다. 대한민국의 안위와 번영을 위해 지금 우리는 무엇을 어떻게 할 것인가?

"싸움이 한창 급박하다. 내가 죽었다는 말을 하지 말라."

2024년 8월

송유계

추천사

이 책은 위대한 영웅 충무공 이순신의 《난중일기》와 《임진장초》를 '빅데이터Big Data'로 분석한 세계 최초의 책입니다. 연구자의 간주관적 주장이 아니라 빅데이터를 활용해 이순신의 전승 비결을 과학적으로 분석함으로써 미래전의 대비와 미래 리더십의 방향을 종합적이고 깊이 있게 제시하였습니다.

특히 첨예화하는 안보환경에서 전쟁과 미래전의 화두를 이순신의 전략 전술과 연결하여 분석한 접근법은 대단히 신선하고 가치가 있다고 하겠습니다.

국가의 동량이 될 리더들이 안보의 가치를 되새기고 미래전의 대비방향과 새롭게 조명한 이순신의 리더십에 대해 일독해 볼 것을 적극 추천합니다.

김종하

한남대학교 국방전략대학원장

고뇌하는 이순신 동상 전남 해남군 문내면 우수영 앞바다에 세워진 동상으로 칼이나 활이 아닌 지도를 든 모습이 인상적이다. (조각가 이동훈 제작)

제 1 부

전쟁에 대한 새로운 시각

이순신의 장검에는
'三尺誓天, 山河動色삼척서천, 산하동색'과
'一揮掃蕩, 血染山河일휘소탕, 혈염산하'가 새겨져 있다.

석 자 칼로 하늘에 맹세하니 산과 물이 떠는구나
한 번 휘둘러 쓸어 버리니 강산이 피로 물드는구나

이순신 장검 (삼도수군통제영 소장)

01

전쟁이란 무엇인가?

전쟁은 인류사의 가장 큰 비극이지만 역사 발전의 원동력이기도 했다. 전쟁을 통해 과학기술이 발전하고 사회구조가 변화하였다. 또 전쟁은 국가의 존망과 국민의 생존권이 달린 사활적인 문제이다. 중국 춘추전국시대 수많은 전쟁을 경험한 손자孫子가 국가의 생존을 위해 저술한 《손자병법》에서 "전쟁은 나라의 대사로서 죽고 사는 것이 결정되는 존망의 도道이다. 잘 알아보고 시작해야 한다[01]."라는 명구를 남긴 것도 이런 이유이다.

전쟁은 태고부터 계속되어온 인류사로 가장 원시적이면서 폭력적인 분쟁 해결의 수단이다. 정치뿐만 아니라 경제, 문화, 사회, 기술 등 모든 인간 활동과 밀접하게 관련되어 있다. 그런 이유로 로마시대 키케로Cicero가 전쟁이란 '무력을 동원한 싸움'이라고 정의한 이래 고대부터 현대까지 많은 연구자는 전쟁의 원인과 본질에 관해 탐구하고 정의해 왔다.

개인이나 사회 내 소집단 간에는 국가國家라는 통제 구조가 상호 간의 갈등이나 극단적인 대립 문제를 해결해 줄 수 있었다. 그러나 민족이나 국가 간 일어나는 분쟁은 국제적 기구에 의한 해결보다 전쟁이라는 수단을 사용하여 자체적으로 해결하려는 경향이 강해지고 있다. 또 전쟁이란 통상 국가와 국가 사이 분쟁을 의미해 왔지만 오늘날에는 국가와 정치 집단, 혹은 정치 집단 상호 간에 생겨나는 투쟁 현상이라는 광범위한 개념으로 확대되고 있다.

제1부 전쟁에 대한 새로운 시각

전쟁이 문명적 현상으로서 정치적 상호작용의 결과물이라면 그것을 제한하고 억제하는 노력은 더욱 중요하고 절실하다. 전쟁을 제한하고 억제하기 위해서는 전쟁의 본질적 원인부터 규명해야 한다.

전쟁의 역사는 다원적 요소가 작용해 왔다. 고대 도시국가에서는 다른 민족을 정복하여 영토와 노예를 획득하기 위해 전쟁을 했다. 중세에는 정치 지도자의 투쟁 본능을 만족시키거나 종교의 영역을 확대하기 위한 종교 간의 세력 투쟁이 주를 이루었다. 근대와 현대에는 자원이나 시장 확보, 이데올로기의 확장을 위해 전쟁을 하였다.

그렇다면 전쟁은 왜 일어나는 것일까? 전쟁의 원인Cause은 시대에 따라 정치·경제·사회·군사·종교 등의 다원적 요소가 복합적으로 작용하였지만 크게 2가지로 요약할 수 있다. 첫째 전쟁의 본질적 원인을 인간의 본성에서 찾으면서 생존을 위한 투쟁의 약육강식 법칙으로 전쟁이 발생한다는 주장이다.[02]

인간이 진화한 200만 년 중 99.5%를 차지하는 수렵 채집 사회에서 생존과 번식을 위한 치열한 싸움의 과정을 통해 폭력성이 인간의 본성에 내재화되었다고 주장하는 부류이다.[03] 인간의 심리적, 물질적 욕망은 무한한 데 비해, 사회가 향유 할 수 있는 자원은 유한하기 때문이다. 인간 사회에서 한정된 희소 자원의 획득을 둘러싸고 서로 대립하는 곳에서는 경쟁과 갈등은 발생할 수밖에 없게 되며, 조정이 안될 경우 전쟁으로까지 발전한다.

둘째, 전쟁의 원인을 국내 체제[04]나 국제적 무정부성[05]에서 찾는 이도 있다. 혹은 정치적 목표를 달성하는 데 있다고 하면서 전쟁을 정치적 목적 달성을 위한 수단이라고 본다. 오늘날 전쟁이라는 수단을 통해 달성하려고 하는 국가의 정치적 목적은 자국의 국가이익 추구이다.

클라우제비츠는 『전쟁론 戰爭論』에서 "전쟁이란 적을 굴복시켜 우리의 의지를 실현하기 위하여 사용되는 폭력행위이다. 따라서 이 폭력행위는 수단이며, 상대에게 우리의 의지를 강요하는 것이 목적이다."라고 정의하였다. 즉 전쟁의 목적은 정치에서 유래한다는 것이 클라우제비츠의 주장이다.

그러나 전쟁의 원인은 단일적인 것이 아니라 서로 다른 유형의 전쟁이 서로 다른 원인을 갖는 복합적 작용의 결과물로 봐야 한다. 영토, 자원, 종교, 이념 등이 복합적으로 작용할 수 있으며, 평화적인 합의에 도달할 의지가 없거나 도달하지 못하거나 방해될 경우 발생한다. 그러므로 전쟁은 전쟁 원인, 국가 간 국력의 차이, 시대별 전쟁 양상 변화의 특성이 다양하게 영향을 미친다고 할 수 있다.

분명한 것은 전쟁의 목적은 국가적 수준에서 요구하는 정치적 목적, 즉 국가이익이나 국가의 생존 등 국가 목표와 직접 연관되어 있다는 점이다.

전쟁의 원인을 기초로 전쟁의 본질적 목적을 정의하면 "전쟁은 자국의 정치적 목적 달성을 위하여 상대국을 굴복시켜 자국의 의지를 관철하기 위한 수단이다. 즉 전쟁이라는 수단을 통해 상대 국가에 자국의 의도(국가이익)에 부합되게 변화를 강요하는 것"이라고 정의할 수 있다. 이러한 전쟁 목적은 자국의 국가이익을 지키기 위한 현상 유지 차원의 소극적인 전쟁 목적과 자국의 국가이익을 확장하기 위한 현상 타파 차원의 전쟁 목적으로 구분할 수 있다.

이러한 전쟁은 우리가 예측하는 정형화된 모습이 아니라 새로운 양상과 속도로 계속 진화하였다. 최근에는 4세대 전쟁과 5세대 전쟁, 하이브리드전, 회색지대 전술 등의 개념으로 변화하고 있다. 새로운 방식의 전쟁에서 공통적으로 제시하고 있는 것이 비군사적이고 비물리적인 수단과 방법이며, 그 중심에 사람이 있다.

아놀드 토인비는 《역사의 연구 A STUDY OF HISTORY》에서 '인류의 역사는 도전과 응전의 역사'라고 주장했다. 인류 문명의 역사는 인간의 끊임없는 도전과 응전의 역사가 반복하면서 이루어 낸 성장의 연속이라고 했다.

그 때문에 우리는 과거를 통해 배운 교훈을 현재에 적용하여 미래를 준비해야 한다. 전쟁 패러다임의 변화와 기술 패권 경쟁이 심화하는 환경에서 다가오는 다양한 변화와 도전을 어떻게 해석하고 대응하느냐에 따라 우리의 미래도 달라질 것이다. 전쟁 패러다임은 정보화전에서 지능화전으로 변화하고 군사 선진국 간 기술패권 경쟁은 나날이 심화하고 있다.

전쟁은 복잡성과 불확실성과의 싸움이다

다수의 미래학자는 미래 전쟁의 양상에 대해 물리적 파괴보다 인간의 의지와 인지 영역을 중시하고 불확실성이 증대되는 회색지대 Gray Zone에서 영향력을 확대하는 방향으로 전개될 것으로 예측한다. 전쟁은 매우 복잡하고 불확실하다. 과거에도 그랬고 현대전에도 그러하며 미래전은 더욱 복잡성과 불확실성이 커질 것이다. 전쟁의 불확실성이 커지는 시기에 많은 군사전략가와 병법가는 이러한 불확실성을 제거하기 위해 지휘관과 군인, 사람의 중요성을 강조하고 있다.

2,500년 전 《손자》는 "전쟁은 적과 아군의 상황, 기상과 지형이 매우 불확실한 요소로, 이를 슬기롭게 극복한다면 전쟁에서 온전하게 승리할 수 있다."라고 했다.[06]

또 클라우제비츠는 "전쟁은 마치 안개 속을 걷는 것과 같다."라고 표현하며 전쟁에서 승리하기 위해서는 불확실성을 없애는 것이 중요하다고 강조하였다.

이러한 불확실한 전쟁에서 승리하기 위해 군인에게 필요한 것은 무엇일까? 승리하기 위해서는 다양하게 발생하는 이슈를 세밀하게 관찰하고, 상황을 정확하게 판단하며, 신속 정확하게 결심하여 행동으로 옮길 수 있도록 군인의 역량을 강화해야 한다.

전쟁에도 동서양의 차이가 있다

전쟁 수행 방식에 있어 동양과 서양은 근본적인 차이가 있다. 서양은 기사 중심의 전쟁이었다면, 동양의 전쟁은 모든 국민이 전쟁에 참여하는 국가 총력전을 수행했다.

유럽에서 정치는 상위 계층이 하고 전쟁은 기사라는 전문 군인들이 참여했다. 그러다 보니 유럽의 왕은 전쟁에 직접 나가 용맹하게 싸워야 기사들로부터 충성을 얻을 수 있었다.

반면 동양은 이른바 반농 반군 형태로 평소엔 농민이었다가 전쟁이 나면 군사로 참여하다 보니 전문성은 떨어졌으나 많은 병력을 동원할 수 있었다. 이런 이유로 동양의 군주는 전쟁에 직접 나가기보다 후방에서 지휘하면서 정신적 지주 역할을 하는 경우가 많았다.

이러한 차이로 인해 유럽의 왕은 기사들의 지지와 충성을 얻기 위해 자신의 용맹을 앞세워 싸우는 경우가 많았다. 동양의 왕은 백성에게 자신을 신화화하기 위해 실제 병력보다 많은 수로 포장하고 작은 전과도 크게 부풀리는 경우가 잦았다.

제1부 전쟁에 대한 새로운 시각

국가 안보는 어떻게 달성할 수 있는가?

안보의 총량은 위협에 정비례하고 자원에 반비례한다. 국가 안보는 동맹과 자강력에 정비례하고 내부 취약성에 반비례한다. 국가 안보의 취약 요인은 외부로부터 위협과 내부의 취약성에 있다.

외부의 위협은 집단 안보, 군비 통제, 통합을 통해 극복하고 국가 내부의 취약성은 자주국방, 동맹, 세력 균형 등을 통해 최소화할 수 있다. 특히 국가가 생존하기 위해서는 외부적 균형External Balancing 과 내부적 균형Internal Balancing을 적절히 유지해야 한다. 외부적 균형은 동맹을 강화하는 안보를 추구하며 내부적 균형은 군비 증강, 군사 혁신Military Innovation 등을 통해 자신의 군사력을 증강하여 안보를 튼튼히 하는 방식이다.

그러나 국가 안보를 보장하는 방식은 경쟁과 대립(군비 증강, 집단 방어, 세력 균형), 공존과 협력(집단 안보, 공동 안보, 협력 안보)이 끊임없이 상호작용하며 변화한다. 그러므로 국가안보전략이란 이러한 다양한 극복 방식을 조화롭게 운용하여 최고의 국가 안보 태세 유지를 위한 우선 순위의 조합이다.

튼튼한 국방력은 어떻게 건설하는가?

튼튼한 국방력을 건설하기 위한 가장 손쉬운 방법은 강력한 군대를 유지하는 것이다. 그러나 이것은 큰 희생과 비용을 요구한다. 첨단 무기와 장비를 획득하고 유지하는 데는 막대한 비용이 필요하고, 더 많은 젊은이가 국방의 책무를 위해 소집되어야 한다. 이러한 딜레마를 해결하기 위한 최선의 방책은 모든 국민이 참여하는 '총력안보 태세'를 갖추는 것이다.

주권자인 국민 스스로가 전쟁과 국방에 관심을 두고 국가를 지킬 태세를 갖추는 것이다. '전쟁이 무엇'이고 전쟁 승리를 위한 '전략은 무엇이며', '어떻게 전쟁에 대비'하고 '억제해야 할지', '군대를 어떻게 육성하고 발전시킬 것인가'에 관한 관심을 갖는 것이다. 그래야만 미래에 다가올 전쟁을 억제하고 예방할 수 있으며 튼튼한 국방력을 갖출 수 있다.

인류가 국가를 형성하게 된 것은 구성원이 함께 힘을 합쳐 가진 것과 생명을 지키자는 것에서 출발했고, 집단을 키우고 조직화한 것이 국가國家, Nation이다.

강력한 국방력을 바탕으로 전쟁을 억제Deterrence하는 것이 최선의 방책이다. 상대가 침략해도 승리할 가능성이 작고 오히려 더 큰 피해를 보게 될 것이라는 사실을 깨닫게 하여 도발하지 못하도록 하는 것이다. 평화를 사랑하기 때문에 전쟁에 대비해야 한다.

♣ 전쟁 억제는 어떻게 달성할 수 있는가?

억제는 응징을 통한 억제(Deterrence by Punishment)와 거부에 의한 억제(Deterrence by Denial)가 있다. 응징을 통한 억제는 적의 도발에 응징할 수 있는 대규모의 공세적 군사력을 보유해야 한다. 가장 현실적인 억제 방법은 거부에 의한 억제이다. 철저한 방어 태세를 갖추어 적의 도발이 결코 성공하지 못할 것이라는 인식을 갖게 하는 예방법이다. 현대에는 총력안보 태세를 확립하여 국력 전체를 활용하는 방식을 추구한다.

전쟁을 억제하기 위해서는 실질적인 군사력, 응징하겠다는 의지, 그리고 의지의 명확한 투사가 필요하다. 억제 효과를 발휘할 수 있는 충분한 양과 질의 무기·장비·물자의 확보, 대응 태세 구비, 체계적인 동원 체제를 완비해야 한다.

어떠한 희생을 무릅쓰고서라도 적의 도발에 응징하겠다는 의지는 국가에 대한 충성심, 국민의 자부심과 단결 등에 의해 형성된다. 전쟁 억제가 효과적으로 이루어지기 위해서는 이러한 의지가 상대방에게 신뢰성 있게 받아들여져야 한다. 전쟁 억제는 상대방의 심리에 영향을 주는 것이며, 쌍방 간의 작용-반작용의 결과이기 때문이다. 이 외에도 전쟁 억제를 위한 국제적 협력의 전형적 형태로 동맹(Alliance)과 집단 안보(Collective Security)가 있다.

02

미래전은 무엇이 다른가?

2015년부터 2024년까지 학술연구정보서비스(RISS)에서 '미래전' 관련 논문 총 353건을 검색하여 추출한 데이터 분석 결과이다. 이 중 학술논문은 211건, 학위논문은 142건이다. TF-IDF값 상위 100개의 키워드를 추출하였고, 이를 워드 클라우드로 도식하였다.

'미래전' 관련 연구논문 TF-IDF 상위 100개 키워드

이 중에서 TF-IDF값 상위 10개의 키워드를 보면, '전쟁, 기술, 인공지능, 작전, 체계, 국방, 무기, 우주, 군사, 전략' 등이다. 이를 통해 볼 때, 미래전 양상에 관한 연구가 주로 '4차 산업혁명 기술 변화와 전략 전술, 무기 체계' 등에 중점을 두고 연구하고 있음을 알 수 있다.

전사戰史 속 전쟁 패러다임의 변화

중세 칭기즈칸의 몽골 기병, 근대 프랑스 나폴레옹의 포병, 제2차 세계대전 독일의 기갑부대, 이라크 전쟁의 고속 종심 기동전은 전쟁의 패러다임을 바꾼 대표적인 사례이다.

기동력으로 무장한 몽골의 기병 앞에서 근접 전투를 수행하던 유럽의 보병은 속수무책으로 패할 수밖에 없었다. 나폴레옹은 포의 무게를 줄여 기동력을 획기적으로 향상함으로써 적의 가장 취약한 곳에 화력을 일제히 집중하는 타격 전술로 돌파구를 열었다.

1940년 5월, 독일 롬멜의 기갑부대는 세계 역사상 최고의 기습으로 불리는 전격전Blitzkrieg으로 프랑스가 방패로 삼은 난공불락의 마지노선을 무력화시켰다. 과감하고 신속한 기동으로 주요지역을 강력하게 쓸어나가는 기동전으로 14일 만에 초기전쟁의 향방을 결정하고 프랑스를 함락한다. 이라크 전쟁에서 미군은 정밀 타격과 고속 종심 기동전으로 최단 시간에 최소의 피해로 전쟁을 종결했다. 이러한 사례는 기존의 전통적 사고에서 탈피하여 완전히 새로운 형태로 전쟁을 수행했다는 공통점이 있다.

달라진 전쟁 양상, 전투 수행 방식도 변해야 한다

첨단 과학 기술의 눈부신 발전은 무기 체계와 지휘 통신 등 전투 수행 체계를 넘어 인간 대신 무인 전투 기기가 전투를 벌이는 새로운 전쟁 양상 속에서 전쟁의 패러다임을 변화시키고 있다.

과거의 무기와 속도, 발상으로는 새로운 전쟁에서 승리할 수 없게 되었다. 적은 항상 새로운 수단과 방법으로 예상하기 어려운 시간과 장소에서 새로운 양상으로 도발하려 한다. 전승불복戰勝不復[1]이라는 말처럼 과거와 동일한 방법으로 승리를 기대할 수 없는 것이 현대와 미래의 전쟁이다. 그 때문에 대부분 국가는 전쟁의 양상을 예측하고 이에 부합하는 군사력 건설을 위해 노력한다.

미래 군사력 건설의 방향은 어떻게 될 것인가?

피아彼我가 명확히 구분되던 냉전 시대에는 적의 위협에 기반한 대응으로 군사력 건설을 설계했다. 그러다가 1990년대 이후 탈 냉전 시대에는 위협 + 능력(무기 체계) 기반의 군사력 건설을 추진했고, 현대에 이르러 세계 각국은 위협 + 능력(무기 체계) + 자원에 기반한 군사력 건설로 변화하고 있다.

앞으로 다가올 미래전의 핵심은 전쟁 패러다임의 변화, 전쟁 수단 및 방식의 변화, 그리고 사람에 있다. 첫째, 전쟁의 패러다임이 변화하고 있다. 전쟁은 기존 물리적 차원뿐만 아니라 정보·인지 차원까지 확대되었고 그 중심에 사람이 있다.

둘째, 과거 전쟁이 인간과 재래식 무기 중심이었다면, 미래전은 인간과 인공지능이 공존하는 유무인 복합 전투전이 될 것이다. 따라서 전쟁 승리를 위해서는 인간과 인공지능을 '어떻게 효과적으로 활용할 것인가'에 대한 전쟁 수행 개념 정립이 중요하다.

인공지능을 바탕으로 한 첨단 과학 기술의 발전이 가져온 전쟁의 수단과 방식의 변화를 인간의 능력으로 효과적으로 활용할 수 있는

---

1) 전쟁의 승리는 반복하지 않는다.

전략과 전술에 대한 발전이 중요하다. 인간의 장점인 창의와 윤리에다 인공지능의 장점인 정확성과 지속성을 배합하여 시너지 효과를 내야 한다.

셋째, 4차 산업혁명과 과학기술 발전, 군사력의 운용은 결국 사람에게 달려 있다. 그래서 미래형 군사 인재가 중요하다. 과거 전장에서 유능한 군인은 강인한 체력과 불굴의 정신, 뛰어난 병법을 구사하는 능력을 겸비한 군인이었다.

그러나 미래에 요구되는 유능한 군인은 인문, 과학, 군사, 리더십 등 모든 분야를 통섭하는 자질까지 요구한다. 왜냐하면, 4차 산업혁명이 주도하는 미래전에서는 첨단 과학 기술이 전쟁에 접목되고 전장의 영역도 우주 및 사이버, 인지 영역까지 무한대로 확장되기 때문이다.

미래전의 핵심 3요소 미래전은 사람, 전쟁 패러다임 변화, 전쟁 수행개념에 달려 있다.

미래에도 전쟁은 지속될 것인가?

다수의 미래학자는 "인류의 역사는 전쟁의 역사"라고 주장해 왔다. 버트런드 러셀은 "인류 역사 기간의 97%는 전쟁이며, 3%는 전쟁 피해 복구 기간이라고 하면서 전쟁 준비 기간을 제외하면 진정한 평화는 1% 미만에 불과하다."라고 분석했다.

앨빈 토플러는 "1945년부터 1990년까지 2,340주 동안 전쟁이 없었던 시간은 단 3주에 불과하다."라고 평가했으며, 윌 듀란트는 "역사에 기록된 3,421년 중 전쟁이 없었던 해는 268년에 불과하다."라고 주장했다.

이 말은 전쟁은 인류의 역사가 지속하는 한 국익을 증진하기 위한 국가의 정치적 수단으로써 작용하게 될 것을 의미한다. 다시 말해 인류가 직면하는 전쟁은 과거나 현재도 변화하지 않았고 미래에도 변화하지 않을 것을 예상하게 한다.

미래전의 예측은 쉽지 않다. 따라서 미래전의 단서는 과거와 현대전의 양상에서 찾아야 한다. 역사는 미래전에 적극적으로 대비한 국가는 발전을, 그렇지 못한 국가는 처절한 패배를 반복해서 기록하고 있다.

모든 위기와 도전은 역으로 도약의 기회가 될 수 있다. 6·25전쟁의 폐허 속에서 일군 한강의 기적, K 방산, 원자력 수출과 한류 확산 등이 이를 증명하고 있다. 오늘 우리가 420여 년 전 이순신과 이순신의 전장戰場을 떠올리며 분석하고 교훈을 찾으려는 이유이기도 하다.

03

새로운 전쟁의 개념,
이순신에게서 찾다

　우리가 이순신을 연구하는 이유는 이순신을 통해 통찰력의 근원과 교훈을 찾아 현재를 진단하고 미래를 대비하기 위함이다. 그런 이유로 이순신이 어떻게 통찰력을 갖게 되었으며, 통찰력의 비결이 무엇인지 찾아보고자 한다.

　2015년부터 2024년까지 학술연구정보서비스에서 '이순신' 관련 논문 총 803건을 검색하여 추출한 데이터 분석 결과이다. 이중 학술논문은 684건, 학위논문은 119건이다. TF-IDF값 상위 100개의 키워드를 추출하였고, 이를 워드 클라우드로 도식하였다.

'이순신' 관련 연구 논문 TF-IDF 상위 100개 키워드

이 중에서 TF-IDF값 상위 10개의 키워드를 보면, '수군, 조선, 일본, 임진왜란, 지역, 전쟁, 전투, 해전, 거북선, 활동' 등이다. 이를 통해 볼 때, 이순신에 관한 연구가 주로 '전쟁사, 거북선 등 신무기 체계, 리더십' 등에 중점을 두고 연구하고 있음을 알 수 있다.

지피지기 백전불태知彼知己 百戰不殆

《손자병법》에서 가장 유명한 구절이 '지피지기 백전불태'이다. 나己와 상대彼를 안다知면 불태不殆라는 말이다. 이순신의 연전연승은 탁월한 전술 운용 능력과 해박한 병법 지식의 뒷받침 덕분이었다. 이순신이 병법에 해박했다는 것은 좌의정 류성룡이 전해 준 책《증손전수방략增損戰守方略》을 받은 그날 "이 책을 보니 수전水戰, 육전陸戰, 화공법火攻法 등에 관한 전술을 일일이 설명했는데, 참으로 만고에 뛰어난 이론이다."라고 평가한 것에서 알 수 있다.

이를 읽고 평가할 수 있다는 것은 이순신이 전술을 충분히 이해하고 실전에 응용할 수 있는 역량을 갖추고 있었다는 의미다. 이순신은 조선 수군에 필요한 병법과 지리를 충분히 터득했고, 이를 실전에서 다채로운 전략 전술로 펼쳐냈다.

《손자병법》에서 알려 주는 '전쟁 전에 승리를 미리 간파하는 다섯 가지 방법'이 있다. 첫째, 싸워야 할 경우와 싸워서는 안 될 경우로, 사전에 적의 정세와 아군의 실정 등을 파악하고 비교하여 승산을 판단할 수 있으면 반드시 승리한다.

둘째, 적보다 많은 병력을 가졌을 때와 적은 병력을 가졌을 때는 각각 어떤 전략 전술을 써야 할지를 아는 자는 승리할 수 있다. 셋째, 윗사람과 아랫사람이 하고자 하는 일과 방향이 같으면 승리한다. 넷째, 항상 빈틈없는 방어 태세를 갖추면서 상대방이 경계를 소홀히 하고 준비태세가 해이해지는 때를 기다려 허를 찌른다면 승리할 수 있다. 다섯째, 장수가 지知·신信·인仁·용勇·엄嚴의 5덕을 갖추고 군에 대한 작전, 지휘, 명령 등의 권한을 군주의 간섭없이 독립된 권한을 행사할 수 있다면 승리할 수 있다. 이순신은 《손자병법》을 통달하고 전투 수행의 모든 과정에서 《손자병법》에서 제시하는 전략 전술을 응용했다.

"안다는 것은 무엇인가?"

단순히 인지하는 것과 안다는 것은 다르다. 안다는 것은 인지에 그치지 않고 실행에 옮기는 것이다. '안다는 것'은 드러난 사실과 지식Revealed Facts and Knowledge을 넘어 그 뒤에 숨은 함축적 의미Implicit Meaning와 그것이 다른 상황과 어떻게 연결되고 어떤 결과를 초래할 것인지를 통찰하는 지혜와 안목Insightful Wisdom and Discernment을 말한다.

그러므로 진정으로 안다는 것은 아는 것을 바탕으로 예측하고 Predict, 계획하며Plan, 방책을 세워Strategize, 실행으로 이어 가는 추진력Driving Force이다.

"지피知彼와 지기知己는 무엇인가?"

지피知彼는 단지 적이나 상대방에 대해 아는 것을 넘어 나를 둘러싼 전체적인 상황을 깊이 이해하는 것이다. 상대방에 대한 깊은 이해는 효과적인 전략을 수립하고 다양한 상황 변화에 유연하게 대응할 수 있게 해 준다.

지기知己는 자기 자신을 깊이 이해하는 것이다. 자신에 대한 깊은 이해는 강점을 극대화하고 약점을 보완하는 전략을 개발하는 데 필수적이다. 특히 전쟁에서는 적을 아는 것을 전제로 자신에 대한 정확하고 객관적인 인식을 해야 전쟁을 승리로 이끌 수 있다. 이순신은 지피와 지기를 위해 많은 시간을 투자했다.

"백전불태百戰不殆는 어떻게 달성하는가?"

백전불태百戰不殆는 백 번을 싸워도 위태롭지 않다는 의미다. 전쟁의 여러 국면에서 필연적으로 따르는 수많은 위험, 위협, 위기를 통합적으로 관리해 전쟁에서 승리하고, 전쟁 후에도 취약성이 최소화된 지속 가능한 안보를 의미한다. 전쟁하지 않고 적을 굴복시키는 것을 상책으로 보고 전쟁을 하더라도 아군의 피해를 최소화하여 이기는 전략이다.

전쟁의 목적은 전쟁의 승리만으로 달성할 수 없다. 전쟁에 승리하더라도 국력이 소진되면 상처뿐인 승리가 되어 오히려 이웃 나라의 침략을 불러오는 결과를 초래하는 안보 딜레마에 처할 수 있다. 전쟁의 본질적 목적은 전승을 통해 더욱 강해짐으로써 지속적인 평화와 번영이라는 최종 상태End State를 달성하는 것이다. 국민의 존엄한 생명과 재산보다 더 중요한 국익은 없다.

기술은 도구이지 목적일 수 없다

포크가 있다고 무작정 파스타를 먹으러 갈 수 없듯이 기술은 도구이지 목적이 될 순 없다. 증기기관의 발명은 기계화 혁명을 가져왔고 전기의 발명은 대량 생산 혁명을 가져왔다. 컴퓨터와 인터넷의 발명은 정보화 혁명을, 인공지능의 발명은 지능화 혁명을 가져왔다.

기술이 사회를 변화시키고 변화하는 사회는 사람을 변화시켜 나간다. 전화가 5000만 사용자를 모으는 데는 75년이 걸렸지만, 인터

넷은 4년이 걸렸고 챗GPT는 2개월 미만이 걸렸다. 이러한 가속도가 붙은 기술 발전으로 테크노 스트레스[2]가 생길 지경이다. AI 일상화 시대, 기술은 목적이 아니라 도구이어야 한다. 지금 인간에게는 기술을 창의적으로 활용할 지혜가 절실히 요구된다.

이순신, 창의력으로 전쟁의 패러다임을 바꾸다

조일전쟁에서 이순신은 새로운 전쟁의 패러다임을 제시했다. 칼과 활, 기마의 전투 방식을 총과 대포 등 화약이 중심이 되는 첨단 전쟁으로 바꾸었다. 이봉수를 독려하여 화약의 핵심인 염초를 개발하고 정사준과 함께 정철총통을 제작했으며, 나대용을 통해 거북선을 개발했다.

이순신은 일찍부터 봉수대 축성이나 철쇄 설치 작업에서 탁월한 능력을 발휘해 온 이봉수의 능력을 눈여겨봐 왔다. 이순신의 명을 받은 이봉수는 화약 제조 기술이 적힌 문서를 토대로 연구를 거듭하여 화약의 연료인 염초(질산칼륨) 개발에 성공한다.[3]

1593년 1월 26일, 이순신은 조정에 염초 개발 성공에 관한 《장계》를 올렸다. "염초를 다른 데서 가져올 수 없었는데 이봉수가 그 묘법을 알아내어 석 달 동안 염초 천 근을 만들어 냈습니다."

---

2) 테크노 스트레스 증후군(Techno Stress Syndrome)은 산업사회에서 새로운 기술이 발전함에 따라 사람들에게 가해지는 사회적 스트레스를 의미한다.

3) 화약은 염초, 황, 숯을 섞어서 만드는데, 당시 황과 숯은 상대적으로 쉽게 구할 수 있었지만, 염초는 구하기가 어려웠다. 염초는 황, 유기물과 반응하면 폭발하는 화약의 핵심이다.

본영에서 경우에 따라 끓여서 만들 즈음에, 신의 군관 훈련원 주부 이봉수가 그 묘법을 알아내어 3개월 동안에 염초焰硝 1천 근을 끓여 내었으므로 그 염초를 조합하여 본영과 각 포구에 빠짐없이 널리 나누어 주었습니다. 그러나 오직 석유황石硫黃만은 달리 나올 곳이 없으니, 100여 근쯤 내려보내 주시기 바랍니다. 1593년 1월 26일, 《請賜硫黃狀》

"명나라 사람도 칭찬했던 조선의 정철총통正鐵銃筒"

이봉수를 독려해 염초를 생산한 이순신은 정사준과 함께 정철총통을 제작했다. 그 기록이 1593년 8월의 《장계》에 잘 나와 있다.

언제나 조총을 만들어 보려고 하였습니다. 그런데 신의 군관 훈련 주부 정사준이 그 묘법을 생각해 내어 대장장이 낙안 수군 이필종·순천 사삿집 종 안성·피난하여 본영에 사는 김해 절 종 동지·고제 절 종 언복 등을 데리고 정철正鐵, 무쇠을 두들겨 만들었는데, 총신도 잘되었고 총알이 나가는 힘이 조총과 꼭같습니다. 심지 구멍에 불을 붙이는 기구가 비록 조금 다르지만 얼마 안 가서 다 마쳐질 것입니다. 1593년 8월, 《화포를 올려보내는 장계 對進火砲狀》

이순신은 조선의 정철총통이 일본군 조총보다 우월하다는 사실을 명나라 군사들의 입을 빌려 《난중일기》에 기록하고 있다.

이제야 온갖 방법으로 생각해 내어 조총을 만들어 내니, 왜군의 총통과 비교해도 가장 기묘하다. 명나라 사람들이 진중에 와서 사격을 시험하고도 잘되었다고 칭찬하지 않는 이가 없음은 이미 그 묘법을 얻었기 때문이다. 도내에서는 같은 모양으로 넉넉히 만들어 내도록 순찰사와 병

사에게 견본을 보내고 공문을 돌려서 알리게 되었다. 1593년 9월 14
일, 《계사일기》

"16세기 최강의 돌격함 귀선龜船, 조선의 선봉에 서다"

거북선은 이순신이 전라 좌수사로 부임하여 일본군의 침략에 대
비한 결과물 중 가장 빛나는 업적이다. 이순신은 군관 나대용으로
하여금 거북선을 개발하게 했고, 조일전쟁 발발 하루 전날인 1592
년 4월 12일에 시험까지 마쳤다. 《난중일기》에 기록된 거북선과 관
련된 기록이다.

이날 **귀선龜船-거북선의 돛으로 쓸 베 29필**을 받았다. 1592년 2월 8
일, 《임진일기》[4]

맑고 바람도 없었다. 쇠사슬을 건너 매는 것을 감독하고 종일 기둥 나
무 세우는 것을 보았다. 겸하여 **거북선에서 대포 쏘는 것을 시험했다.**
1592년 3월 27일, 《임진일기》

아침에 흐리더니 늦게 갰다. **비로소 배**거북선**에 돛을 만들었다.** 1592년
4월 11일, 《임진일기》

식사 후 배를 타고 **거북선의 지자포**地字砲[07]**와 현자포**玄字砲**를 쏘았다.**
1592년 4월 12일, 《임진일기》

이순신은 '무엇을 위해 어떻게 거북선을 만들었는지'를 조정에 올
린 《장계》에서 상세하게 밝히고 있다.

---

4) 거북선龜船에 대한 최초의 《난중일기》 기록이다.

신이 일찍이 **왜적들의 침입이 있을 것을 염려하여** 특별히 거북선을 만들었습니다. **앞에는 용머리를 붙여 그 입에서 대포를 쏘게 하고, 등에는 쇠못을 꽂았으며 안에서는 밖을 잘 살필 수 있으나 밖에서는 안을 살필 수 없습니다.** 적선이 비록 수백 척일지라도 안으로 돌격해 들어가 포를 쏠 수 있는데 이번에 출동할 때 돌격장이 타도록 했습니다. 거북선에 명령해 **적선에 돌진**하게 해 먼저 **천자·지자·현자·황자의 각종 총통을 쏘게 했습니다.** 1592년 6월 14일,《唐浦破倭兵狀》

 거북선의 최초 출전은 1592년 5월 29일, '사천해전'이었다. 돌격선인 거북선은 막강한 총통의 화력을 앞세운 당파 전술로 일본 함선 13척을 불태우고 부숴 버렸다. 이어 벌어진 7월 10일, '당포해전'에서도 적선 21척을 궤멸시켰다.

 거북선은 가공할 만한 화력과 성능으로 출전하는 전투마다 일본 수군 함선을 격침하였으며, 조일전쟁 초기 남해 수로를 차단하고 일본 수군의 서해 북상을 봉쇄하는 선봉 역할을 했다. 거북선은 조선 수군의 전투 역량과 존재 가치를 제고시킨 16세기 최고의 전투함이었다. 통상 현대에도 신무기 체계를 전력화하기 위해서는 연구 개발, 전투 실험, 시범 운영, 전력화까지 20여 년 이상이 소요된다는 점을 고려할 때 단기간 내에 거북선을 전력화한 것은 이순신과 조선군의 헌신이 가져온 기적적인 성과였다.

이순신, 군사 혁신을 선도하다

 선진국의 국방 개혁 성공 요인은 신무기 체계, 조직 및 편성, 개념과 교리 등 3가지 요소가 균형을 이루었을 때이다. 420여 년 전 이순신은 이 3가지 요소를 중심으로 조선 수군의 군사 혁신을 선도했다.

우선 '신무기 체계'의 도입이다. 이순신은 조선과 백성을 지키기 위해 관례나 인습에 얽매이지 않고 과학적 기술을 도입하거나 고안하여 이용하는 데 주저하지 않았다. 원거리 함포전과 당파분멸전撞破焚滅戰을 수행하기 위해 전함戰艦 판옥선을 개선하고 거북선을 개발하였다.

둘째, '조직 및 편성' 측면에서 통합, 합동, 연합함대를 구성하여 전승을 가져왔다. 셋째, '개념 및 교리' 측면에서 세계 해전사 최초로 근접전이 아닌 대포를 이용한 원거리 함포전을 도입하였고 근접전에서 전함으로 상대의 전함을 들이받아 깨뜨리는 당파분멸전을 적용하였다. 전략적으로는 일본의 '수륙병진전략'을 완벽하게 저지하여 전쟁의 양상 자체를 바꾸었다.

어떻게 단기간에 군선 360여 척을 건조할 수 있었을까?

1593년 9월, 이순신이 조정에 올린 《장계》에는 250여 척의 크고 작은 군선을 정비할 계획을 구체적으로 보고한다.

> 신의 어리석은 생각으로는 수군에 소속한 연해의 각 고을의 여러 괄장군括壯軍을 통째로 수군에 소속케 하고 **전선을 곱절로 만들게 하면 전라좌도**의 다섯 고을과 다섯 포구는 **60척을 정비**할 수 있고, **전라우도**의 열다섯 고을과 열두 포구에는 **90척을 정비**할 수 있으며, **경상우도**에는 **40여 척을 정비**할 수 있고 **충청도에서도 60척을 정비**할 수 있을 것이므로 **합하면 250여 척**은 될 것입니다. 1593년 9월, 《條陳水陸戰事狀》

또 1593년 11월 17일, 《장계》에는 주력 전선인 판옥선 150척, 척후하는 협선挾船 150척 등 모두 300여 척의 크고 작은 군선을 만들겠다는 계획이 포함되어 있다.[08] 1593년 2월 10일, '1차 웅포해전'에 거북선 3척을 포함하여 100여 척 정도가 출전한 것을 고려하면 판옥선 150척을 건조하겠다는 계획은 대단히 야심 찬 계획이었다.

1594년 1월경에 판옥선 180여 척, 사후선과 협선 180여 척 등 모두 360여 척의 군선이 만들어졌다. 당시 절대적으로 물자가 부족한 상황에서 5개월이라는 짧은 기간에 군선 360여 척을 어떻게 건조할 수 있었을까?

이러한 의문의 해답은 1593년 6월 22일과 23일 《난중일기》에서 실마리를 찾을 수 있다. 이순신은 전력을 다해 전선을 건조하였다. 관할 내 5관 5포 각 진영에서 목수耳匠 214명, 일꾼 209명 등을 차출하여 전선을 건조하였다. 조일전쟁 첫해의 전투에서 더 많은 전투선의 필요성을 절감했기 때문이다.

전선을 토괴(土塊, 흙무더기)**에 얹어 만들기 시작했는데, 목수가 214명이다.** 물건 나르는 일은 본영에서 72명, 방답에서 35명, 사도에서 25명, 녹도에서 15명, 발포에서 12명, 여도에서 15명, 순천에서 10명, 낙안에서 5명, 흥양에서 10명, 보성에서 10명이 했다.

이른 아침에 **목수들을 점검했는데 한 명도 결근이 없다**고 했다. 새 배에 쓸 밑판을 다 만들었다. 1593년 6월 23일, 《계사일기》

조일전쟁에서 이순신의 주요 전법은 "거북선이 먼저 돌진하고 판옥선이 뒤따라 진격하여 지자·현자총통을 쏘고 포환, 화살, 돌을 빗발치듯 하면 적의 사기가 꺾이어 물에 빠져 죽기에 바쁘다."라고 돼 있다. 이런 전술을 구사할 수 있었던 것은 튼튼한 판옥선의 장점 덕분이었다. 조선의 판옥선은 단단한 소나무 재질로 내부 구조가 튼튼했기 때문에 대형 화포를 다량 적재할 수 있었다. 또 배 바닥이 평평한 'U' 자형 평저선이었기 때문에 수심이 낮은 바다에서도 운용이 편리했고 상황에 따라 제자리에서 급선회할 수 있었다.

반면 일본 수군의 주력선인 아타케부네는 'V' 자형 첨저선으로 속도는 빨랐지만 단단함과 기능 면에서 판옥선에 뒤졌다. 이 모든 것을 계산한 이순신은 판옥선을 늘리는 것이 급선무라고 판단해 짧은 기간에 집중적으로 판옥선을 건조했다. 이것이 조선 수군이 연전연승할 수 있었던 비결이다.

이순신, 420여 년 전 미래 전쟁 수행 개념을 구사하다

전장의 기본 원칙은 '먼저 보고, 먼저 쏘고, 먼저 격파하라'이다. '먼저 보고 결심하고 종심 깊게 타격'하는 단계별 연결 고리를 끊는 것이 미래전의 핵심이다. 이순신은 멀리 보고Deep See, 정확하게 지휘 통제Deep Control하며, 종심 깊게 타격Deep Strike하는 미래전 수행개념을 구사하였다.

Deep See		Deep Control		Deep Strike
·수륙병진전략 간파 ·복합적인 정보 수집	⇨	·함대 시위(기세) ·유리한 지형 유인	⇨	·원거리 포격전 ·혁신적 전법

이순신의 미래전 수행개념 이순신은 멀리 보고(Deep See), 종심 깊게 지휘 통제(Deep Control) 하며, 정확하게 타격(Deep Strike)하는 미래전 수행개념을 구사하고 있음을 알 수 있다.

1591년 2월 전라 좌수사에 임명된 이순신이 가장 먼저 한 일은 조선 수군에 대한 진단과 일본군에 관한 분석이었다. 이순신은 일본군이 침략할 것을 예상하고 조선 수군의 능력을 강화하고 대비 태세를 확고히 하는 데 노력을 기울였다. 판옥선을 정비하고 총통을 보강하였으며 전쟁 물자를 확보하고 병사들의 훈련에 박차를 가했다.

조선 수군과 일본 수군이 지닌 강·약점을 분석해 새로운 무기 체계와 전법을 개발했다. 당시 일본군의 강점이던 근접전을 차단하고 적진에 돌격하기 쉬운 거북선을 만들어 냈다. 거북선은 판옥선의 2층 구조 위에 지붕을 덮어 창과 철심을 박은 형태였다. 조일전쟁 발발 하루 전날 거북선에서 지자, 현자총통 실험까지 마쳤으니 이순신의 선견지명은 실로 놀라운 것이다.

아울러 일본군에 대항할 수 있는 혁신적인 맞춤형 전법을 만들어 냈다. '옥포해전'에서는 원거리 포격전, '사천해전'에서는 거북선에 의한 기습전, '한산도 대첩[09]'에서는 유인과 원거리 포격전, 화포의 강점을 살려 학익진법을 감행했다. 학이 날개를 펴듯 적이 공격을 시작하면 좌우를 크게 에워싸 화력전을 벌이는 방식이다. 순간 대량 집중사격의 한 전투 대형이다. 또 '명량해전'에서는 지형과 해수의 흐름을 이용했다.

군사전략가 이순신 전략 전술의 요체

피터 드러커는 전략을 "절대로 적의 방법대로 싸우지 않고, 적이 원하는 대로 싸우지 않는 것이다."라고 했다. 이순신은 단 한 번도 적이 원하는 방식으로 전투를 하지 않았다. 그는 일본 수군이 생각하지 못한 방법, 일본 수군이 원하지 않는 전략과 방법으로 싸웠다. 그로 인해 일본 수군은 핏빛 바다에서 고립되었고, 이순신에 의해 궤멸되었다.

조선을 침탈한 일본군은 파죽지세로 한양을 거쳐 평양까지 침략해 들어갔고 이때 중요한 것이 보급이었다. 일본군은 해상을 통해

제1부 전쟁에 대한 새로운 시각

보급 물자를 전달받아야만 했다. 이를 간파한 군사전략가 이순신은 남해에서 일본 수군을 격파하여 보급선을 끊었다. 모든 일본 수군을 장악했으니 '수륙병진'하여 명나라로 진격하려던 일본군의 전략에 종지부를 찍게 했다.

다가올 미래 전쟁을 예측하고 대비해야 한다

많은 전략·전술가는 이순신의 위업에 최고의 찬사를 아끼지 않았다. 영국의 해양전략가 조지 알렉산더 발라드G. A. Ballard는 저서 《일본 정치사에 있어 바다의 영향력The Influence of the Sea on the Political History of Japan》에서 이렇게 말했다. "이순신이 그의 조국 밖에서는 전혀 알려지지 않은 것이 실로 유감이다. 영국 사람으로서 트라팔가르해전(1805년)의 영웅 넬슨Nelson과 견줄 만한 인물이 있다면, 그는 바로 단 한 번도 패한 적이 없는 위대한 동양의 해군 사령관 이순신 장군뿐이다."

또 러일전쟁 당시 도고 함대의 제41호 어뢰정 정부艇付였던 가와다 이사오川田功는 저서 《포탄을 뚫고》에서 "우리는 이순신의 영령에 우리의 생명과 재산을 보호해 달라고 빌었다. 도고 헤이하치로가 혁혁한 전공을 세운 것은 사실이지만, 이순신 장군과 비교하면 그 발가락 한 개에도 못 따라간다. 이순신에게 넬슨과 같은 거국적인 지원과 그만큼의 풍부한 무기와 함선을 주었다면, 우리 일본은 하루아침에 점령당하고 말았을 것이다. 대단히 실례인 줄 알지만, 한국인들은 이순신 장군을 성웅이라고 떠받들기만 할 뿐, 그분이 진정으로 얼마나 위대한 분인가 하는 것은 우리 일본인보다 모르고 있는 것 같다."라고 말했다.

대한민국의 역사는 위기 극복의 연속이다. 조일전쟁(1592년)에 이어 정묘호란(1627년)과 병자호란(1636년)을 겪었고 일제강점기 (1910~1945년)를 벗어나자마자 6·25전쟁(1950년)의 폐허를 딛고 일어났다. IMF 경제 위기(1997년)를 이겨 내며 세계 속의 위대한 기적을 만들었다. 역사는 반복되는 미래의 거울이다. 분노와 비난만으로는 결코 미래의 승리를 가져올 수 없다. 진정 이기기를 바라는 자는 역사에서 교훈을 얻고 배우려는 겸손이 있어야 한다. 역사를 통해 위기 극복의 지혜를 배우고 도약의 발판을 마련해야 하는 이유다.

미래전은 사람의 마음과 지략에 달려 있다

리더십은 인간의 행동에 영향을 주는 기술이므로 결국, 인간의 마음에 호소할 수 있어야 한다. 위대한 리더는 솔선수범을 통해 부하의 흉금을 울리고 마음을 움직일 수 있는 자이다.

이순신의 마음은 사람을 향하고 있었다. 이순신은 전쟁을 승리로 이끌기 위해 휘하 장수와 군사의 마음을 감동시켰고 백성을 감화하여 자발적으로 민과 군이 합심하여 전쟁을 치르도록 한 것 또한 그러했다. 이순신이 신분이나 귀천을 따지지 않고 백성을 소중히 했다는 것을 아래《장계》에서 알 수 있다.

> 왜 **적선에 사로잡힌 우리나라 사람을 찾아내어 돌려보내는 것**은 왜적의 목을 베는 것과 다름없으므로, **'왜 적선을 불태울 때 각별히 찾아내어 함부로 죽이지 말라'**라고 단단히 지시하고 약속하였습니다. (중략) 여러 장수가 사로잡혔던 남녀 6명을 잡아 왔습니다. (중략) 동래에 사는 **사삿집** 종 **억만**億萬은 13살로 심문했더니 (중략) **천성 수군 정달망**鄭達亡**은** 14살인데 심문했더니 (중략) **진술하였다.** 1592년 6월 14일,《二度唐項浦等四處勝捷啓本》

이순신 함대의 가장 기적적인 승리는 10배의 적함을 대파한 '명량해전'이다. 이 해전에서 이순신은 죽음을 무릅쓰고 진두지휘, 결사 항전함으로써 군사들이 스스로 싸우고자 하는 전투 사기를 고양하여 결국 대승을 이룰 수 있었다.

이순신은 또한 부하를 논리적으로 설득하는 지휘관이었다. 부하 장수들과 끊임없이 토론하고 화살쏘기로 단련하면서 술로 부하의 마음을 어루만졌다. 그 덕분에 이순신의 휘하 장수들은 지휘관의 생각과 작전을 완전히 이해할 수 있었고, 이로부터 환상의 조직력이 만들어질 수 있었다. 또 이순신은 휘하 장수들에게 자신의 지휘 방침을 명확히 알려 책임을 다하도록 독려했다.

한 번 승첩에 방심하지 말고 군사를 위무하고 전선을 다시 정비해 두었다가 **변보를 듣는 즉시로 출전하되 처음과 끝이 한결같도록 하라.**

그야말로 철저한 유비무환有備無患, 무비유환有備無患의 원칙을 강조하고 실천하였다. 100만 대군보다 무서운 것이 결속력이다.

♣ 학문의 5가지 원칙, 공부의 길道

《중용》에서는 인간이 생각하고 생각을 행동으로 옮기는 과정에서 실수를 줄이기 위한 학문의 핵심을 5가지로 제시한다. 박학지博學之 심문지審問之 진사지愼思之 명변지明辯之 독행지篤行之이다.

첫번째는 폭넓게 공부하는 박학博學, 두 번째는 자세히 물어보는 심문審問, 세 번째는 신중하게 생각하는 진사愼思, 네 번째는 명쾌하게 판단하고 분명하게 따지는 명변明辯, 다섯 번째로 아는 것을 행동으로 실천하는 독행篤行이다. 이 5가지 중 하나만 폐지하여도 학문學問이 아니라고 강조한다.

리더는 무엇이 옳은지 그른지 판단하는 데 있어 내가 믿고 싶은 대로 믿는 것이 아니라, 객관적 사실을 바탕으로 분명하게 따지고 면밀하게 검토해야 한다. 새로운 학문의 길에 서 있는 미래의 리더에게 자문자답해 보기를 권유한다. "나는 이 순간 널리 배우고 자세히 묻고 신중하게 생각하고 분명하게 따진 이후에 행동으로 실천하고 있는가?"

충무공 이순신 초상화 (국가유산청 현충사 관리소 소장)

제 2 부

이순신을 통해 미래전을 보다 :
大觀小察

《**임진장초**壬辰狀草》 1592년부터 1594년까지 충무공 이순신이 조정에 보고한 문서인 《장계狀啓》, 총 61편이 수록되어 있다. 이순신은 당시 전투 상황과 결과, 공적은 물론 병졸이나 천민을 포함한 전상자 이름까지 모두 기록하였다. (국가유산청 현충사 관리소 소장)

01

효과 중심 작전

- 전체 파괴보다 핵심과 급소를 파괴한다
- 적의 중심을 공략하라

"경거망동하지 말고 침착하게 태산같이 행동하라"
물령망동 정중여산(勿令妄動 靜重如山)

효과 중심 작전Effects Based Operation은 적의 군사력 파괴 Destruction보다는 통제Control에 중점을 둔 전쟁 수행개념이다. 적군 전체를 파괴하기보다 핵심과 급소를 파괴하는 것이다. 과거 전쟁이 적군의 군사력 파괴에 목적이 있었다면, 현재와 미래전에서는 적군의 중심과 인간의 인지를 파괴하는 것에 초점을 둔다.

군사 사상가이자 군사전략가 이순신의 大觀小察

군사전략의 목표는 적의 저항력을 박탈하는 데 있다. 적 저항력 발휘의 객체는 '적 지형, 적 부대, 적 의지'이다. 따라서 군사작전의 목표는 '적 지형, 적 부대, 적 의지'의 '중심점'을 지향해야 하며, 적 저항력의 합력이 한곳에 모이는 결정적 지점에 전투력을 집중시킬 때 보다 쉽게 작전 목표를 달성할 수 있다. 그러므로 군사작전 목표 또한 적 전투력의 중심점을 지향해야 한다.

중심Center of gravity은 물체의 각부에 작용하는 동력의 합력이 통과하는 점이다. 클라우제비츠는 "적의 현저한 제반 특징을 종합하면 모든 힘과 이동의 중심을 좌우하는 어떤 하나의 '힘의 중심'이 나타난다. 모든 전쟁 수행은 이 중심축에 의존하고 있으므로 그곳이야말로 아군의 모든 전투력을 집중해야 할 곳이다."라고 하였다.

그러면서 클라우제비츠는 중심점의 선정을 다음과 같이 유형화하였다. "일반적으로 당파로 인해 분열된 국가의 중심은 대개 수도首都이다. 열강에 의존하고 있는 약소국의 중심은 그들의 동맹국에 있다. 여러 국가가 서로 모인 동맹의 중심은 이해관계의 일치에 있다. 국민 총 무장의 경우 중심은 주로 지도자의 의지와 국민의 지지가 바로 힘의 중심이다. 힘의 중심으로 전투력을 집중할 때 적을 상대해 이겨낼 수 있다. 즉 힘의 중심은 그들의 군대, 수도, 동맹국의 공동 이익, 그리고 국민의 여론 등을 들 수 있다."라고 하였다.

이런 관점에서 볼 때, 이순신은 군사전략의 목표를 '적 지형의 중심점', '적 부대의 중심점', '적 의지의 중심점'에 정확하게 지향했다. '적 지형의 중심점'은 적이 '정보, 기동, 자원'을 활용할 수 없도록 중요 지형지물을 선점, 차단하는 것이다. 중요한 지형지물의 선점과 확보를 통해 '적 정보'의 중심점인 관측을 거부한다. '적 기동'의 차단은 기동하는 적 부대를 화력으로 종심 깊게 차단할 수 있는 지형을 중심점으로 선정함으로써 달성된다. 군사작전을 지속시키는 물질적 '자원'인 보급을 차단하여 전쟁 수행의 지속을 근원적으로 차단한다.

이순신은 치밀한 정보 활동을 통해 적의 정보를 차단하고 미리 기동하여 유리한 지형을 선점하고 해상에서 적의 보급을 차단하는 등 '적 지형의 중심점'을 무력화시켰다.

'적 부대의 중심점'은 직접적인 전투로 개별 전투원을 살상하기보다 적의 신경중추인 '지휘 계통'을 분쇄하고 교란해 효과적이고 경제적인 작전 효과를 달성하는 것이다. 이순신은 일본 수군의 신경중추인 '적장의 목'을 베어 적을 대량으로 살상하지 않고도 적 부대를 격멸했다.

'적 의지의 중심점'은 전쟁을 수행하는 저항력 자체로서 작전 수행의 최종 목표이다. 적 의지가 분쇄되면 다른 전쟁 수행 수단이 유지되어도 저항력 발휘가 불가능하다. 적 의지는 군사적 위협에 의한 물리적 행동뿐 아니라 심리전에 의해서도 와해·좌절·굴복시킬 수 있다. 이순신은 거북선과 판옥선을 중심으로 원거리 포격전, 당파분멸전, 보급로 차단 등을 통해 '적 의지의 중심점'을 와해시켰다.

이처럼 이순신은 앞에 놓인 전투가 아니라 적의 전략과 의도를 파악하여 전쟁의 양상과 판도 자체를 바꾸었다. 이순신은 10배 이상의 수적 열세에도 불구하고 '명량해전'에서 압도적인 승리를 거둠으로써 일본군의 호남 연안 진입을 완벽하게 봉쇄했다. 이러한 여파로 내륙으로 진격 중이던 일본 육군은 보급품이 끊겨 한양에서 합류하는 연결 작전이 불가능하게 되자, 경상도와 전라도 해안선에 반영구 진지를 구축하여 전력을 재정비하게 된다.

중심을 지켜 일본의 수륙병진전략水陸竝進戰略을 저지하다

역사적으로 한 나라의 수도首都는 가장 빈번하게 적의 전략적 중심이 되어 왔다. 수도에는 그 나라의 권력과 경제력이 집중되어 있으며, 이의 피탈被奪은 국가와 국민의 저항 의지에 큰 영향을 미친다. 또 한 국가가 정치적으로 불안하거나 국민의 단결이 미약할 때 수도의 피탈은 그 국가의 저항 의지에 결정적 영향을 미침으로써 저항력의 재집결을 어렵게 한다.

일본에 있어 조선의 수도 한양은 전쟁 승리를 위한 핵심적인 중심이었다. 그 중심을 무너뜨리기 위한 일본의 군사전략은 수륙병진전략水陸竝進戰略이었다. 육로를 이용하여 조선의 육군을 쳐부수는 동시에 서해안으로 군량미를 보급하여 수도 한양을 점령함으로써 단숨에 조선을 정벌하는 전략이다.

조선은 육로보다 해로와 수로가 잘 발달하였다. 조선의 강은 수심이 깊고 수량이 풍부해서 부피가 큰 화물은 주로 육로보다 수로로 운반하였다. 그 때문에 남해와 서해를 돌아 강을 이용하면 조선의 내륙 어디든 쉽게 접근할 수 있었다. 일본은 조선의 해로와 수로에 주목했고, 그 전략이 바로 '수륙병진전략'이었다. 주력 부대를 3로로 나눠 북진시키고 한양을 점령한 뒤 다시 2로로 재편해 평안도와 함경도로 진격시키는 한편, 대규모 증원군과 군수물자는 해로를 이용하여 강을 타고 내륙에서 합류하는 작전이다.

때문에 일본군의 주공격 대상은 부산, 한양, 평양이었다. 조선의 수도 한양만 점령하면 조선은 항복할 것이고 평양을 점령한 뒤 바다를 통해 수송된 증원 병력 10만 명과 합류하여 명나라로 진격할 수 있을 것으로 판단했다.

그러나 이순신과 조선 수군이 남해 제해권을 장악한 덕분에 일본 수군이 남해를 돌아 서해로 진출할 수 없었다. 이순신은 전라 좌수군이 무너진다면 서해를 이용한 바닷길과 곡창지대인 전라도 지역이 일본군에 넘어가게 되고, 결국 조선은 일본군에 맞서 싸울 수 없게 될 것이라는 점을 간파하였다. 이순신은 이러한 전략적 판단을 기초로 배를 건조하고 포와 화약을 힘써 마련하는 한편, 실전과 같은 해상 훈련을 거듭하면서 전쟁에 대비했다.

그런 이유로 이순신은 적의 머리를 베는 것보다 적의 전선을 분멸하여 일본의 수륙병진전략을 저지하고자 했다. 이는 1592년 6월과 1592년 7월 《장계》에서 잘 나타난다.

공로를 세우더라도 이익을 탐내어 다투어 먼저 적의 머리를 베려다가는 도리어 해를 입어 죽거나 다치는 자가 많게 되는 예가 있으므로 사살만 하면 **비록 목을 베지 못하더라도 힘써 싸운 자를 제일의 공로자로 정하겠다.** 1592년 6월 14일, 《二度唐項浦等四處勝捷啓本》

그 때문에 **무릇 4번을 싸워 화살에 많은 수의 왜적이 죽었는데도 머리를 벤 것은 많지 않았습니다.** 1592년 6월 14일, 《二度唐項浦等四處勝捷啓本》

신이 당초에 여러 장수와 군사들에게 약속할 때 공로만을 생각해 **머리 베는 것을 서로 다투다가는 도리어 해를 입어 죽거나 다치는 예가 많으니 이미 왜적을 죽이기만 했으면 비록 머리를 베지 않더라도 마땅히 힘써 싸운 자를 제1공로자로 정한다**고 두세 번 강조하였기에 목을 벤 수는 많지 않습니다. 1592년 7월 15일, 《三度閑山島勝捷啓本》

당파분멸전撞破焚滅戰으로 적의 대열을 교란하다

'당파분멸전撞破焚滅戰'은 적선에 충격을 가하여 적 함대의 전투 대열을 교란한 후 화력을 집중하여 불태우는 전술이다. 이순신이 당파분멸전으로 적을 무찌를 수 있었던 이유는 조선의 판옥선과 거북선이 일본 수군의 주력 전투선 세키부네[10]나 대장선 아타케부네보다 견고하고 탑재 무기의 성능이 우월했기 때문이다.

《장계》를 보면 '총통방중 당파분멸銃筒房中 撞破焚滅'이란 글귀가 나오는데, 이는 당시 적선이 목선으로 불에 약한 점을 이용하여 총통銃筒-화포을 발사해 적선을 깨부수고 화공火攻으로 불태웠다는 의미다.

먼저 거북선으로 하여금 층루선層樓船 아래로 **들이받을 듯이 가면서 용아가리로 현자 철환을 치쏘고, 또 천자총통에 대장군전**大將軍箭[11]**을 지자총통에 장군전**將軍箭**을 쏘아 그 배를 깨뜨리자,** 뒤따르던 여러 전선들도 **철환과 화살을 마구 쏘았습니다.** (중략) 여러 전선이 에워싸고서는 **먼저 거북선을 돌입케 하여 천자·지자총통을 쏘아** 왜적의 대선을 꿰뚫게 하고, **여러 전선이 번갈아** 서로 드나들면서 **총통에 대전**大箭**과 철환**鐵丸**을 바람처럼, 우레처럼 쏘았습니다.** 1592년 6월 14일,《唐浦破倭兵狀》

깨부수고 화공으로 불태운 기록은《선조실록》1592년 6월 21일자 4번째 기사에도 등장한다. 5회의 승전을 설명하는데 분焚이 3회, 소燒가 1회, 충衝이 1회 등장한다. 분焚과 소燒는 '불사르다', 충衝은 '박아서 부수다'이다. 화력이 우세하고 배가 훨씬 견고한 조선 수군의 강점을 이순신이 전투에 활용했다는 사실을 말해 준다.[12]

적선 26척을 **불살랐다**焚賊船二十六艘. 5월 6일

적선을 모두 **불살랐다**盡燒其船. 5월 29일

적선 밑을 **들이받아 부수었다**直衝其下撞破其船. 6월 2일

적선 1백여 척을 **불살랐다**焚賊船一百餘艘. 6월 5일

적선 63척을 **불살랐다**焚賊船六十三艘. 7월 6일

'당파분멸전'은 거북선이 앞서 적선의 대열을 돌파하여 좌충우돌하면서 총통을 발사해 적 함대의 전투 대열을 교란하면 판옥선이 뒤이어 총통과 화살로 공격하는 방식으로 수행했다. 거북선과 판옥선의 '당파분멸전'은 '사천해전'을 시작으로 크고 작은 전투에서 이순신의 기본 책략으로 큰 전과를 거두었다.《장계》내용 처럼 '당포해전'에서 이순신은 거북선과 판옥선을 이용하여 총통을 발사하고 화

전을 펼치는 공격 전술을 펼쳤다.

> 먼저 거북선으로 하여금 층루선層樓船 아래로 **들이받을 듯이 가면서 용아가리로 현자 철환을** 치쏘고, 또 **천자총통에 대장군전**大將軍箭**을 지자총통에 장군전**將軍箭**을 쏘아 그 배를 깨뜨리자,** 뒤따르던 여러 전선들도 철환과 화살을 마구 쏘았습니다. 1592년 6월 14일,《唐浦破倭兵狀》
> 우리 여러 전선은 4면으로 에워싸면서 재빠르게 협격挾擊하고, 돌격장突擊將이 탄 **거북선이 또 층각선 아래로 돌파하면서 총통을 치쏘아 층각선을 마구 부딪쳐 깨뜨리고, 여러 전선들도 화전**火箭**으로** 그 비단 장막과 돛베를 쏘아 맞혔습니다. 1592년 6월 14일,《唐浦破倭兵狀》

'부산포해전'에서도 공격 목표를 적군 사살보다 적선을 격파하는 데 두어 적선 100여 척을 격침하는 전과를 올렸다. 이외에도 전투마다 거북선과 판옥선에 의한 '당파분멸전'은 적에게 큰 타격을 주었다.

적 대장선을 공격하여 중심을 무너 뜨리다

이순신은 적의 전략 전술에 맞는 계책을 가져오는 데 능통했다. 일본군의 모든 전략 전술은 대장을 중심으로 이뤄지며 대장선이 무너지면 적의 사기가 꺾이고 적함은 오합지졸이 된다는 점을 정확하게 알고 있었다. 그래서 이순신은 적 대장선과 적장을 제1 공격 목표로 삼아 파괴한 이후 적의 함대를 돌파해 나갔다.

'당포해전'에서 이순신은 거북선이 적 기함層樓大船을 목표로 돌진하여 현자 및 천자, 지자포를 발사하여 적선을 깨뜨리고 적장 내도통지來島通之를 활로 쏘아 물에 떨어뜨렸다. 이때 재빨리 사도 첨사 김완과 군관 진무성이 달려들어 목을 베었다. 이렇게 적의 기함이 부서지고 적장이 죽자 적들은 갈팡질팡하게 되고 이때 조선 수군은 화력을 집중하여 적을 소탕했다.

'당항포해전'에서도 이순신은 거북선의 목표를 왜적의 기함으로 삼고 현자, 천자, 지자포를 쏘아 적선을 깨뜨리도록 했다. 적장 구르지마來島通之를 활로 쏘아 물에 떨어뜨렸고 오합지졸이 된 적함을 향해 우리 수군의 화력을 집중하여 적을 완전히 분멸했다. '부산포해전'에서도 역시 적의 선봉인 대선을 먼저 쳐서 기선을 잡았으며, '명량해전'에서 모든 화력을 적의 기함에 집중 사격하여 쳐부수고 적장 마다시馬多時를 죽이자 조선 수군의 사기는 충천해졌고 적들을 완전 소탕할 수 있었다.

《손자병법》에 피실격허避實擊虛라 하여 적의 튼튼한 곳을 피하고 약한 곳을 공격하는 것이야말로 전쟁의 기본이라 하였다. 이순신은 적의 약점을 정확히 알고 강점으로 약점에 승부했다.

험난한 바다 전장에서 지휘 통제는 어떻게 했을까?

지휘 통제는 '지휘관이 부대의 임무 달성을 위해 예속 및 배속된 전력에 대해 권한과 지시를 행사하는 행위'이다. 조일전쟁 당시 험난한 바다 전투에서 지휘 통제는 신기전, 봉화 불과 같은 신호통신이나 인마에 의한 전령통신, 깃발이나 연기, 신호연에 의한 시호통신 또는 나팔이나 피리, 북소리, 호각 등에 의한 음향통신 등의 명령 수단을 복합적으로 활용하여 이루어졌다.

당시 신호 규정은 기고정법旗鼓定法이라고 하여 기旗는 색깔로 신호旗者色하고, 북鼓은 소리로 신호鼓者聲하는 것이며, 정定은 행동을 질서 정연하게 하는 것이다. 이를 형명形名이라고 하고 깃발과 악기로 하달한다.[13]

현대 해군의 기류 신호와 유사한 신호연 활용 (옥포대첩기념관 소장)

　　조선 수군의 출정 명령은 나팔을 불어 내렸다.《난중일기》에는 출정을 위해 나팔을 세 번씩 불었다고 5번 적혀 있다. 출항 준비는 초취初吹, 출항 직전에 이취二吹, 출항에 삼취三吹를 불었다.

　밤 2시에 **첫 소라**初吹**를 불고**, 동틀 무렵에 **두 번째**二吹**와 세 번째 소라**三吹**를 불었다.** 1593년 2월 6일,《계사일기》

　첫 번째와 두 번째 소라를 불었다. 初吹二吹. 1593년 2월 9일,《계사일기》

　저녁 6시에 첫 소라初吹**를 불고 배를 출발했다.** 1594년 2월 13일,《갑오일기》

　밤 2시에 첫 소라初吹**를 불었다.** 1596년 1월 4일,《병신일기》

　밤 1시에 첫 소라初吹**를 불고 배를 출발**해 목포로 향했다. 1597년 10월 29일,《정유일기》

또 적과 교전할 때에는 호각을 불어 명령하고, 초요기招搖旗를 세워 전투를 독려하거나 중지[14] 시켰다. 징과 북소리로 출동을 허가하거나 전진과 후퇴를 명령했다. 현대 해군 함정 구령에는 15분 전(예령)과 5분 전(동령)이 있다. 예령은 함정이 모든 출항 준비를 마칠 시간이고, 동령은 준비를 마친 함정이 출항하는 시간이다. 조일전쟁 당시에도 군사들이 쉽게 알아볼 수 있는 체계적인 신호체계를 활용하여 험난한 바다에서 일사불란한 전투 지휘를 했음을 알 수 있다.

동물 뿔로 만든 신호용 나팔 (옥포대첩기념관 소장)

"신기전神機箭으로 적의 동태를 신속 정확하게 알리다"

조일전쟁에서 적의 동태를 신속 정확하게 지휘관에게 알리는 수단으로 신기전을 활용하였다. 적의 동태를 파악하기 위해 이순신이 다양한 척후선을 활용한 사례는 《난중일기》에 기록되어 있다.

7일 새벽에 한꺼번에 출항하여 적선이 머물고 있다는 천성天城, 가덕加德으로 향하여 가다가 정오쯤 옥포 앞바다에 이르니 **우척후장 사도 첨사 김완과 여도 권관 김인영 등이 신기전을 쏘아 사변이 났음을 보고**하므로 왜 적선이 있음을 알고 다시금 여러 장수에게 "덤벙대지 마라. 태산처럼 침착하라!勿令妄動 靜中如山" 엄하게 전령한 뒤에 옥포 바다에서 대열을 갖추어 일제히 나아가니 왜선 30여 척이 옥포 선장에 흩어져 대어 있었다.[15]

5일 아침 안개가 사방에 쫙 끼었다가 해 질 무렵 걷히기에 거제로 도망쳐서 숨은 왜적을 토멸하려고 돌을 올려 바다로 나가는데 (중략) **포구로 들여보냈던 전선이 바다 어귀로 되돌아 나오면서 신기전을 쏘아 변고를 알리며** '빨리 들어오라'고 하였으므로 전선 4척을 바다 어귀에 머물러 복병伏兵하도록 지시한 뒤에 노를 바삐 저어 들어갔습니다.[16]

'옥포해전'에서 척후장 사도첨사 김완, 여도권관 김인영이 신기전을 쏘아 올렸기 때문에 이순신이 적이 있음을 알고 옥포만으로 들어가 적선 26척을 쳐부술 수 있었다. 두 번째 출전인 '당항포해전'에서도 신기전으로 신호하였다. 이러한 신호는 일정한 신호와 규정에 따라 움직였으며 신속하고 정확하게 이루어졌기에 전투에서 승리할 수 있었다.

《임진장초》 내용을 상위 100개의 'TF-IDF'값을 중심으로 '워드 클라우드'로 분석한 결과를 도식화하면 아래와 같이 표현할 수 있다. '배, 머리, 왜적, 사람, 정박, 왜인, 노비, 바다, 왜선, 장수' 등과 같이 '전투의 목적, 목표, 전투 수행 방법' 등과 관련한 키워드가 높게 나타났다.

《임진장초》 전략 전술 워드 클라우드 《임진장초》의 전략 전술과 연관된 TF-IDF 상위 50개 키워드를 워드 클라우드로 표현한 결과물이다.

순위	키워드	TF-IDF	순위	키워드	TF-IDF
1	배	209.8728	26	서로	68.2557
2	머리	177.3845	27	거제	67.5628
3	왜적	154.1561	28	왜장	67.5268
4	사람	115.7724	29	면제	67.3123
5	정박	105.3521	30	육군	66.6129
6	왜인	103.8900	31	힘	66.4176
7	노비	101.2902	32	격군	66.1406
8	바다	96.8011	33	토병	64.9118
9	왜선	95.2843	34	앞바다	64.4718
10	장수	87.8896	35	성	63.5744
11	육지	87.6574	36	군관	63.2778
12	현감	82.8599	37	약속	62.1298
13	물건	80.6291	38	사부	60.6920
14	군사	77.7347	39	일본	59.9473
15	백성	75.8700	40	진	59.1979
16	소선	75.4827	41	군량	58.9420
17	수군	73.4812	42	시험	58.8705
18	죄	73.2884	43	나라	58.5251
19	웅천	72.7598	44	의무	58.3373
20	우수	72.7370	45	우도	58.3066
21	원균	72.2225	46	집	58.0997
22	농사	71.9368	47	싸움	57.9788
23	철환	71.7086	48	친척	56.9757
24	이끌고	68.5960	49	포착	56.7647
25	고을	68.5559	50	돌격	56.3009

《난중일기》 TF-IDF값 상위 50개 키워드 《임진장초》에 전략 전술과 연관된 TF-IDF 상위 50개 키워드이다.

지피지기 백전불태知彼知己 百戰不殆, 아군 피해를 최소화하다

적을 알고 나를 알면 백 번 싸워도 위태롭지 않다는 뜻으로, 적과 나의 강·약점을 충분히 알고 승산이 있을 때 싸움에 임하면 이길 수 있다는 말이다.

손자는 "많은 희생이 따르는 승리보다 위태롭지 않은 것이 더 낫다"라고 했다. 전투에 승리해도 피해가 크다면 또 다른 전투에서 승리할 수 없기 때문이다. 그래서 전쟁은 아군의 피해를 최소화하고 단기간에 이기는 것이 중요하다.

이순신의 23전 전승보다 중요한 사실은 아군의 피해를 최소화하는 전투 수행에 있다. 이순신은 조선 수군의 피해를 최소화하면서 일본군에게는 큰 타격을 주어 남해와 서해의 제해권制海權을 지켜 냈다.

이순신이 수행한 조일전쟁 7년 동안 조선 수군 전사자는 500여 명 정도이다. 마지막 전투인 '노량해전' 전사자 300여 명을 제외하면 200여 명 남짓이다. 23전 23승이므로 전투당 10명 이내로 전사한 셈이다. 특히 병사들보다 지휘관과 부관의 손실률이 굉장히 높은 것을 볼 때, 조선 수군 지휘관들이 앞장서서 전투를 수행했음을 알 수 있다. 반면 격침한 적선은 800척에 가깝다. 전사자 1명이 적선 4척을 격침할 만큼 큰 성과를 거두었다.

장수는 나라를 지켜 내는 것만큼 부하의 목숨을 소중히 하고 피해를 최소화하는 병법을 연구하고 실행해 옮기는 데 노력해야 한다. 군사가 백성이고 백성이 나라다. 《손자병법》은 싸우지 않고 이기는 것이 완전한 승리라고 강조한다.

♣ 반드시 적을 섬멸해야 전쟁에 승리하는가?

효과성Effectiveness과 효율성Efficiency은 유사한 의미로 사용하지만 차이가 있다. 효과성은 결과의 달성 여부와 정도에 중점을 두는 개념으로 요망하는 결과를 달성하거나 그 결과가 크면 효과가 큰 것이다. 반면 효율성은 투입된 노력과 산출된 결과를 비교하는 개념으로 동일한 노력이나 비용으로 더욱 큰 결과를 산출했거나 적은 노력이나 비용으로 동일한 결과를 산출하면 효율성이 높다.

국방의 경우에는 요망하는 결과를 달성하는 것이 중요하므로 효율성의 비중이 낮을 수 있다. 그러나 장기적으로 보면 효율성도 상당한 영향을 끼친다. 따라서 임무 달성을 위해 최선의 방식과 수단을 사용하는 것을 중시함으로써 전체적인 효과성을 높일 수 있어야 한다. 그런 의미에서 전쟁의 상황에 따라 적을 반드시 섬멸하지 않아도 적 중심의 파괴만으로도 전쟁에 승리할 수 있다.

♣ 전략은 어떻게 개발할 수 있는가?

전략戰略, Strategy이란 군사력을 운용하는 개략적인 방향이다. 전략을 개발한다는 것은 목표를 달성하기 위해 최선의 방법과 수단을 활용하는 것이다. 방법이 선정되었다면 적절한 수단을 확충하고 수단이 부족하면 탁월한 방법을 개발하여 보완한다. 통상 개념Concept이라고 말한다. 그러므로 전략 개념이란 목표를 달성할 수 있도록 가용한 모든 수단과 노력을 전개 및 통합시켜 나가는 방향이다.

※전략의 개발 = 최선의 방법Ways + 수단Means ⇒ 목표Ends 달성

♣ 집중의 원칙Principle of Mass

"모든 곳을 지키면 모든 곳이 약해진다."《손자병법》제6편〈허실〉에 나오는 이야기이다. 전쟁에서 모든 곳을 다 지킬 수는 없다. 전략적 요충지를 선택하고 집중해서 지켜야 승리할 수 있다. 집중集中은 군사작전이 수행되는 시간과 장소에 적보다 우세한 전투력을 투입하여 운용하는 과정과 결과다. "큰 것은 작은 것을 이긴다."라는 단순한 원리에 기초하고 있다.

현대전에서는 병력보다 화력의 집중을, 공간적 집중보다는 시간적 집중이 중시된다. "모든 것을 다 하라는 것은 아무것도 하지 말라는 말과 같다.", "모든 것을 다 잘하겠다는 것은 아무것도 하지 않겠다."라는 말과 같다. 훌륭한 리더는 모든 일을 열심히 하는 것이 아니라 선택과 집중, 필요한 것과 불필요한 것을 구분할 줄 아는 지혜를 가져야 한다.

♣ 기습의 원칙Principle of Surprise

기습奇襲은 적이 예상하지 않은 의도, 시간, 장소, 방법을 통해 군사작전을 수행함으로써 유리한 결과를 갖는 활동이다. 기습을 통해 아군의 전력을 제대로 발휘하게 하고 적의 전투력은 제대로 발휘되지 못하는 상황을 조성한다. 군사적으로 열세한 군대가 취약점을 극복하는 가장 효과적인 방책으로 사용하는 작전이다. 기습은 전쟁의 수준에 따라 전략적 기습, 작전적 기습, 전술적 기습으로 나눌 수 있고, 상위 수준에서 기습을 달성할수록 더욱 결정적인 효과가 있다.

02

하이브리드전 Hybrid Warfare
- 다양한 전쟁 수행 방식을 혼합하고 조직을 융합한다
- 은폐된 군사적 수단(정보전, 특수군 활동 등)으로 지원한다

"하이브리드전은 선전포고 없이 이뤄지는 정치·경제·정보·기타 비군사적
조치를 현지 주민의 항의 잠재력과 결합시킨 비대칭적 군사 행동이다."
- 러시아 연방군 총참모장 발레리 게라시모프 -

현대전은 초고도 네트워크 기술 발전으로 정규전과 비정규전의
경계가 모호해지고 있다. '전쟁 수행 방식'도 군사적 수단 중심에
서 정보전, 여론전, 심리전, 사이버전 등의 비군사적 수단이 혼재되
어 사용된다. 이러한 특징이 잘 나타나는 것이 '하이브리드전Hybrid
Warfare'[17]이다.

하이브리드전은 '정치, 경제, 정보, 기타 비군사적 조치를 현지 주
민의 잠재력과 결합한 비대칭적 군사 행동'이다. 물리적·개념적 차
원을 동시에 포괄하는 '광범위한 스펙트럼의 전쟁'이다. 전자는 무
장한 적에 대한 전투이고, 후자는 전투 지역의 토착민에 대한 광범
위한 투쟁, 통제 및 지원, 개입 국가의 국내 전선 지원, 그리고 국제
사회의 지지를 포함한다.[18]

하이브리드전은 정치, 경제, 외교, 군사적인 수단을 모두 사용하
며, 국가와 비국가 행위자Non-State Actors를 모두 포함하는 복합적

인 형태의 전쟁이다.[5] 전쟁과 평화의 경계선을 모호하게 하는 점에서 하이브리드전을 회색지대 전쟁Gray Zone Warfare이라고도 한다.

하이브리드전의 특징을 요약하면 '다양한 전쟁 수행 방식의 혼합, 조직의 융합, 은폐된 군사적 수단으로 지원, 동시성' 등이다. 과거의 전쟁은 제1, 2차 세계대전 처럼 대부분 국가 사이의 재래식 전쟁이었다. 그러다가 탈냉전기에는 정규전보다 비정규전 형태의 전쟁이 더욱 효과를 발휘하였고, 최근에는 정규전과 비정규전 사이의 이분법적 접근으로 설명할 수 없는 형태의 전쟁이 늘어나고 있다. 이와 같이 하이브리드전은 '다양한 전쟁 수행 방식이 혼합'되어 나타난다.

또한, 전문 직업군인으로 편성된 전통적이고 일반적인 군대와 달리 하이브리드 군대는 정규군, 토착민, 게릴라, 테러분자, 범죄조직이 혼합되어 융합하는 특징이 있다.

그뿐만 아니라 하이브리드전은 정규전, 비정규전, 테러와 범죄 등의 방식이 한곳에서 동시에 진행되며 확실한 정치적, 전략적 목적 아래 통제되고 의도된 계획에 따라 치밀하게 전개되는 '동시성'의 특징이 있다.

이러한 하이브리드전의 특징을 420여 년 전 이순신의 전투 수행 과정에서 찾아볼 수 있다. 첫째, 이순신은 '다양한 전투 수행 방식'의 혼합을 통해 전력의 절대 열세를 극복하고 전세를 역전시켰다.

---

5) 하이브리드전의 특징을 보면, 전쟁의 목적why은 군사적 승리에서 정치적 목적 달성을 위한 전쟁으로, 전쟁의 수단what은 군사력 중심에서 기술력, 정치력, 경제력, 군사력 등을 모두 망라하는 형태로 변화하였다. 전쟁의 방법how은 군사력 중심에서 군사적 수단과 비군사적 수단의 조합, 상대 국가의 경쟁과 협력의 조합으로 확대되었다. 전쟁의 주체who는 국가 중심에서 비국가행위자들을 포함하는 다양한 위협 주체와 대상으로 세분화되었다. 전쟁의 시기when는 전시 중심에서 전시와 평시의 구분이 없는 전쟁으로, 전쟁의 공간where의 측면은 지상, 해상, 공중에서 지상, 해상, 공중, 우주, 사이버, 인지와 심리의 영역으로 확대되었다.

① 선제 기습 전략, ② 정보의 획득과 정확한 정보의 선택, ③ 군수 보급 자체 조달이다.

둘째, 이순신은 다양한 '조직의 융합'을 통해 전투력과 전투 효용의 시너지를 극대화했다. ④ 삼도 수군함대의 통합과 조·명 연합함대 구성, ⑤ 군심과 민심의 결집, ⑥ 민간 선박을 정규군으로 위장하여 전투에 활용했다.

선제 기습 전략으로 적의 허를 찌르다

이순신의 전략 전술 중 은밀 기동과 선제기습 전략이 눈에 띈다. 이러한 작전을 원활히 수행하기 위해 암호를 활용함으로써 군사작전을 차질 없이 수행할 수 있었다.

1592년 5월 2일 《난중일기》에 보면, "저녁의 군호軍號는 용龍과 호랑이虎, 복병伏兵은 산山과 물水이다." 야간에 아군과 적을 구별하기 위해 문답식 비밀 암호를 사용한 근거이다. 암구호 사용과 같이 은밀한 기동과 효과적인 기습공격을 감행하여 승리를 이루었다.

철저한 정보 수집으로 이길 수 있는 여건을 만들고 싸운다

《손자병법》〈모공〉편에 "지피지기 백전불태知彼知己 百戰不殆"라는 말이 있다. 적을 알고 나를 알면 백번 싸워도 위태롭지 않다는 의미다. '적을 알고 나를 안다는 것'은 적의 의도와 능력을 알고 나의 힘이 적을 감당할 수 있는지, 다음 전투를 어떻게 준비할 것인지를 정확히 아는 것이다.

이를 위한 정보의 핵심은 적Enemy과 아군Allie, 기상Weather이며, 정보의 3요소는 적Enemy과 지형Terrain, 기상Weather이다. 이순신은 철저한 정보 수집을 바탕으로 자신이 싸우고 싶은 장소에서,

싸우고 싶은 시간에, 싸우고 싶은 방법으로 전투에 임했다. 이길 수 있는 전장과 작전을 택해 아군의 피해를 줄이고, 적의 피해를 높이며, 이겼을 때 가장 큰 파급력을 발휘할 수 있는 전투를 벌였다.

이순신이 기상을 얼마나 중시하였는지는 《난중일기》에 남겨진 날씨에 대한 기록에서 알 수 있다. 전반적인 날씨, 비의 양과 바람의 정도를 구분하여 그날그날의 기상을 상세히 기록했다. 전반적인 날씨는 맑음晴, 흐림陰, 바다 달은 맑고 밝았다海月晴明 등으로 표현했다. 비가 오는 정도와 양에 따라 안개비煙雨, 가랑비細雨, 조금 오는 비作雨, 이슬비小雨, 적당한 비雨, 궂은비陰雨, 다소 많은 비雨雨, 소나기驟雨, 큰 비大雨, 장맛비霖雨, 저녁까지 계속 내린 비雨雨終夕, 계속 내린 비己巳雨 등으로 구분하여 기록했다. 바람은 동풍東風, 북풍北風, 서풍西風, 내풍內風, 동남풍東南風, 큰바람大風 등으로 방향과 세기를 구분하였다.

또 이순신은 전투에 앞서 반드시 적정을 세밀하게 살피고 정보를 입수하여 적의 의도와 능력에 맞춰 작전 계획을 수립했다. 적에 대한 정보는 끊임없는 '탐망 활동과 첩자, 정탐꾼, 포로, 현지 주민, 피난민'을 통해 수집했다.

적진에 미리 침투시켜 둔 정탐꾼으로부터 적의 동향에 관한 정보를 수집하고 전투가 시작되기 전 척후선을 띄워 적정을 파악했다. 정보원, 포로가 되었던 장졸, 토병, 목동 등 백성이나 피난민을 통해 적의 규모와 동향, 이동로를 세밀히 확인했다.

전투에서 가장 중요한 것은 적의 동태를 미리 살펴 예측하고 대비하는 것이다. 《난중일기》는 이를 후망候望이라고 기록했다. 정찰을 뜻하는 척후斥候와 높은 곳에서 적을 감시하는 요망瞭望을 합친 말이다.[19]

《난중일기》에는 후망이 5회, 척후는 21회, 탐후는 24회, 체탐은 8회 사용됐다. 특히 탐후선의 활용을 자주 언급했는데, 탐후선은 연락을 담당하는 배로 각 전선과 해당 지역의 적정, 아군 상황 등을 보고하는 것이 주 임무였다. 모두 적정 탐지와 보고, 지휘 통제를 확립하기 위한 것이었다.

이순신은 정보 수집을 위해 척후병斥候兵과 탐망선探望船을 운용했다. 척후선과 탐망선은 전투선에 의한 탐지와 감시를 위한 정찰 Patrol이나 수색Reconnaissance의 수단이다. 전투지대 내·외의 적과 지형, 기상을 미리 살펴 작전 계획을 세우거나 작전 활동을 개시하기 위한 사전 조치 수단이다.

전쟁 첫해인 1592년 5월 7일, 조선 수군과 일본 수군 간에 처음으로 해상 전투가 벌어졌는데, 이순신의 장계인 《초도옥포승첩계본 初度玉浦勝捷啓本》에 척후병과 탐망선의 활동 보고가 기술되어 있다.

> 옥포 앞바다에 이르렀을 때, **우척후장 사도첨사 김완이 신기전**神機箭 **쏘는 것을 보고 왜 적선이 있는 것을 확인했다.**
> 당포해전 때는 **탐망선**探望船**으로부터 새로운 보고**가 들어왔다. (중략)
> 6월 4일 아침 전 함대를 이끌고 **당포 앞바다로 나아가 척후선으로 하여 금 그 부근의 왜 적선을 수색**토록 명했다. 1592년 5월 7일, 《初度玉浦 勝捷啓本》

이순신이 보유한 탐망선은 30척으로 전투 판옥선과 거북선 33척과 비슷할 정도로 많았다. 탐망선이 정찰 활동을 전개하는 동안 주력함대는 안전 해역에서 결진, 대기함으로써 격군格軍의 피로를 줄이고 차후 결전을 위한 준비를 할 수 있었다.

또 이런 정보 수집과 더불어 자신이 직접 말을 타고 현장을 관찰하고 확인한 후 기록하였다. 이러한 철두철미한 정보 수집 덕분에 이순신은 일본 수군에게 단 한 번의 기습도 허용하지 않았다.

구 분		계 척	전선戰船		사후선[6] 伺候船
			판옥선	거북선	
본영 여수		13	6	1	6
오관五官 내륙기지 총: 25척	순천	7	3	1	3
	광양	4	2	-	2
	낙안	4	2	-	2
	보성	4	2	-	2
	흥양	6	3	-	3
오포五浦 해안기지 총: 25척	방답	7	3	1	3
	여도	4	2	-	2
	사도	6	3	-	3
	발포	4	2	-	2
	녹도	4	2	-	2
총계		63	30	3	30

조일전쟁 당시 전라좌수영 세력 배치표 전라좌수영이 보유하고 있던 전선과 사후선에 대한 현황을 알 수 있다.

---

6) 전투함·무장선에 부속된 비무장 소형 선박으로 적의 형편을 정찰·탐색하는 척후斥候에 쓰였다.

이순신의 또 다른 정보 수집 수단은 망산에 배치한 탐망군이었다. 대표적으로 거제도 내해로 이어지는 칠천량 앞바다를 감시하는 영등포 정찰부대, 고성 쪽의 육지와 바다를 감시하는 벽방산 정찰부대, 거제도 외해로 나가는 해로를 감시하는 대금산 정찰부대 등을 운용했다.[7]

이순신이 정보를 얼마나 소중히 여겼는가는 《난중일기》 기록에서 다양하게 나타난다. 왜구들에게 잡혀 일본으로 끌려갔다가 조일전쟁 발발 3년 전에 돌아온 공태원, 김개똥, 이언세 등으로부터 일본에 대한 상세한 정보를 수집했다. 이순신은 이를 통해 전쟁 발발을 확신했고 밤낮없이 좌수영을 돌며 방비를 서둘렀다.

토병, 목동 등 현지 백성이나 귀화인의 첩보도 경청했다. '당항포 해전'에서는 '토병 강탁'의 제보로 적선 26척을 모두 불태웠고, '한산도 대첩'에서는 '목동 김천손'의 첩보로 적선 73척 중 59척을 불태워 침몰시켰다.

> 4일 이른 아침에는 당포 앞바다로 옮겨 진을 치고 소선으로 하여금 **적선을 탐망하게 하였는데, 사시쯤 당포에 사는 초병 강탁이라는 사람이** 산으로 피난 갔다가 멀리서 신들을 바라보고 **매우 기쁜 모양으로 달려와서 보고하기를 "그날 당포 바깥 바다에서 쫓겨간 왜선은 오늘 거제로 향했습니다."**하였다. (중략) 죽을힘을 다해 추격하여 머리 43급을 베고 왜선 25척을 불살라 버린 뒤 짐짓 배 한 척을 남겨 둔 채 왜적이 돌아갈 길을 개방하였습니다. 1592년 6월 14일, 《唐浦破倭兵狀》

---

7) 1593년 5월 18일~20일, 《계사일기》에는 대금산大金山, 거제 장목면 소재과 영등永登 등지의 망군望軍이 돌아와 보고한 내용이 기록되어 있다.

7일 고성 땅 당포에 이르자 날이 저물기로 나무하고 물 긷는 일을 하고 있을 때, **피난하여 산으로 올랐던 그 섬의 목동 김천손이** 신 등의 함대를 바라보고 **급히 달려와 고하는 내용에 "적의 대·중·소선을 포함하여 70여 척이 오늘 하오 2시쯤 영등포 앞바다로부터 거제와 고성 경계인 견내량에 이르러 머무르고 있습니다."** 하였으므로 다른 여러 장수에게 지시하고 8일 적선이 있는 곳으로 배를 띄웠습니다. 1592년 7월 15일, 《三度閑山島勝捷啓本》

5일은 거제로 도망쳐서 숨은 왜적을 토멸하려고 돛을 올려 바다로 나가는데 **거제에 사는 귀화인**歸化人 **김모**金毛 **등 7~8명이** 조그마한 배에 함께 타고 매우 기뻐하면서 **"당포에서 쫓긴 왜적선이 거제를 지나 고성 땅 당항포**唐項浦**로 옮겨 대었습니다."**라고 하였다. 그래서 재빨리 당항포 앞바다에 이르러 남쪽으로 진해를 바라보니 성 바깥 몇 리쯤 들판에 무장한 군사 1,000여 명이 깃발을 세우고 진을 치고 있었습니다. 1592년 6월 14일, 《唐浦破倭兵狀》

'명량해전'에서도 '탐망 군관 임준영', 포로가 되었다가 '도망쳐 온 김중걸'이 제공한 결정적인 첩보로 13척의 전선으로 일본 수군 함대 133척을 격멸했다.

14일, 임준영이 정탐한 결과를 보고하기를 **"적선이 백여 척 가군데 쉰다섯 척이 먼저 어란 앞바다에 들어왔다."**라고 하였다. 또 말하기를 **"사로잡혔다가 도망해 돌아온 김중걸이 전하는 말"**에 (중략) 왜놈들이 모여서 논의하는데 **"조선 수군 여남은 척이 우리 배를 추격하여 사살하고 혹은 배를 불태웠으니 극히 통분할 일이다. 각처의 배를 불러 합세하여 조선 수군을 섬멸한 후 곧장 한성으로 올라가자."**라고 했다는 것이다.

이 말은 비록 **모두 믿을 수는 없으나** 그럴 수 없는 것도 아니어서 곧 전령선을 보내어 피난민을 타일러 속히 육지로 올라가도록 하였다. 1597년 9월 14일, 《정유일기》

특히 이순신의 전략적 안목이 돋보이는 것은 일본 수군 장수에 대한 정보를 바탕으로 적의 의도를 꿰뚫고 적이 취할 전략까지 예상하여 한 수 앞서 나가는 모습을 보인 점이다. 당시 일본 수군 장수는 구키 요시타카, 도도 다카쿠라, 구루시마 등 상당수가 해적 출신이었다. 이들은 칼을 주 무기로 단병접전에 강했다. 또 일본군의 주 무기인 조총의 유효사거리는 100보步 내외였다.

반면 조선 수군의 주력 화기인 총통의 유효사거리는 500보가 넘는 함선 파괴용이었다. 이러한 점을 꿰뚫은 이순신은 총통을 활용한 원거리 포격전으로 일본 수군 함선을 무력화했다. 원균이 칠천량 해전에서 패배한 가장 큰 이유 중 하나가 일본 수군의 강점과 아군의 약점에 대한 분석과 대비가 부족했기 때문이다. 적선의 분멸보다 적의 수급을 베는 것에 집중했기 때문에 근접 전투를 수행했고 그 결과는 무참했다. 적장의 성향과 생각을 읽어야 적의 약점을 파악할 수 있다.

"사람의 마음에서 정보를 얻다"

이순신이 정보를 얻는 과정을 보면 사람의 마음을 감동시켜 스스로 정보를 가져오게 한 사례에 주목해야 한다. 피난민이나 백성의 작은 소리에 귀 기울였으며, 반드시 대가를 보상했다는 기록이 《난중일기》에 기록되어 있다. 리더는 냉철한 이성을 지녀야 한다. 가슴은 뜨겁되 머리는 차가워야 한다. 가슴과 머리, 이 둘을 리더가 늘 고민해야 할 양대 축이다.

> **부산에 투입했던 정탐군 4명**이 와서 "심유경이 고니시 유키나가, 현
> 소, 사택정성, 소서비와 함께 이달 16일 새벽에 바다를 건너갔다."라는
> 소식을 전했다. 이들에게 **양식 3말을 주어 보냈다.** 1596년 1월 19일,
> 《병신일기》
> 부산의 허내은만이 와서 왜의 정황을 전했다. **양식을 주어 돌려보냈다.**
> 1596년 5월 13일, 《병신일기》
> 허내은만에게 **술쌀 10말과 소금 1곳을 보내며 "온 정성을 다해 살피고**
> **보고하라."**라고 했다. 1596년 5월 24일, 《병신일기》

조선 수군 경영자 이순신, 스스로 군수 지원을 해결하다

《난중일기》에는 군수 보급의 핵심인 '군량 확보'와 관련한 단어가
50회 등장한다. 7년 전쟁 기간 내내 군량을 확보하기 위해 이순신이
했던 고민과 대책을 강구한 흔적이 고스란히 남아있다.

"군량 확보를 독촉, 농사가 걱정이다. 둔전 확보와 대책, 군량을
확보할 책임자 지정, 군량의 출납 현황을 확인 및 점검, 군량을 되질
하다.[8]" 등 군량 확보를 위한 종합적인 대책을 세웠음을 알 수 있다.

본문	1592년	1593년	1594년	1595년	1596년	1597년	1598년
횟수	5	16	13	12	12	12	1

《난중일기》 군량 관련 기록 추이 1594년부터 1597년까지 연도별 군량 확보를 위한
내용이 평균 12회 내외 기록되었음을 알 수 있다.

---

8) 곡식이나 가루 따위를 되로 되어 헤아리다.

"경제성에 바탕을 둔 창의적인 정책 개발"

이순신은 조정의 지원을 기대할 수 없는 상황에서 경제성에 바탕을 둔 창의적인 정책 개발을 지속했다. 해로 통행첩을 발행하고 소금을 만드는 염전을 운영했으며, 어로작업을 통해 군량을 마련했다. 수군 재건을 위해 1597년 12월 5일 고하도로 진을 옮긴 이순신은 전선을 건조하고 1,000명 남짓의 수군을 모집했으나 군량을 확보하는 데 어려움을 겪었다. 이때 이순신은 해로 통행첩을 발행하여 군량을 확보했다.

해로 통행첩은 일종의 선박 운행증과 같은 것으로 3도 연해의 공·사선으로 하여금 1만여 석의 쌀을 자발적으로 바치게 하여 군량을 확보할 수 있었다. 해로 통행첩을 통해 백성의 안전을 보장하고 피아를 식별할 수 있었으며 군량까지 확보할 수 있었으니 일거양득의 효과였다는 것이 류성룡의 《징비록》에 기록되어 있다.

이순신이 해로 통행첩을 만들고 명령하기를 "3도경상, 전라, 충청의 연해를 통행하는 모든 배는 공 사선을 막론하고 **통행첩이 없는 배는 모두 간첩선으로 인정하여 처벌할 것이다.**"라고 하였다. 그리고 선박이나 선주의 신원을 조사하여 간첩과 해적 행위의 우려가 없는 자에게는 선박의 대소에 따라서 큰 배 3섬, 중간 배 2섬, 작은 배 1섬의 **곡식을 바치도록 하였다.** 이때 피난민들은 모두 재물과 곡식을 배에 싣고 다녔기 때문에 쌀 바치는 것을 어렵게 여기지 않았고 또한 이순신을 믿고 따랐기 때문에 아무런 불평 없이 갖다 바쳤으니 **10여 일 동안에 무려 군량미 1만여 섬을 얻었다.**

또한, 이순신은 물고기를 잡아 군량을 마련하는 어로작업과 바닷물을 말려 소금을 만드는 염전을 운영하여 전비를 조달했다는 기록이 《난중일기》에 적혀 있다.

고기를 잡아 군량을 샀다. 1595년 2월 19일, 《을미일기》

소금 굽는 가마솥 하나를 만들었다. 1595년 5월 17일, 《을미일기》

청어 13,240두름을 곡식과 바꾸었다. 1595년 11월 21일, 《을미일기》

고기를 잡아서 군량을 계속 지원하는 임달영, 송한련, 송한, 송성, 이종호, 황득중, 오수, 박춘양, 유세충, 강소작지, 강구지 등에게 모두 포상하였다. 1596년 2월 26일, 《병신일기》

김종려를 소음도 등 13개 섬의 염전에 감독관으로 정하여 보냈다. 1597년 10월 20일, 《정유일기》

군심軍心과 민심民心을 얻어 하늘을 감동시키다

전시에 군량은 무기나 다름없다. 배고픈 군사는 싸울 수 없고 군량이 없다면 적과 싸워 이길 수 없다. 이순신이 버려진 땅을 개간하여 농사를 지었던 이유다. 또 수군에게 군선이 없다면 적과 싸울 수도 이길 수도 없다. 이순신이 불과 수개월 만에 180척의 판옥선을 건조했던 이유다.

이순신은 군사작전을 원활하게 수행하기 위해 군심과 민심을 얻는 것에 정성을 다했다. '한산도 대첩' 이후 전쟁이 소강상태에 이르자 전쟁에 동원되었던 군졸들을 교대로 귀가시켜 영농 활동을 하게 했다.

그리고 한산도에 통제영을 설치하여 군량의 자급자족을 도모하고 해포海浦의 일면을 맡아서 소금을 굽고 곡식을 상거래 하게 하여 많은 군량을 비축하고 군비를 확충함으로써 군민 일체화된 거대한 군사기지를 구축하였다.

1597년 8월 3일, 3도 수군통제사로 재임명되자 그다음 달인 9월 16일에 '명량해전'에서 13척으로 일본 함대 133척을 대파한 다음, 같은 해 10월 29일에 고금도로 진을 옮겨 3도 수군의 재건에 사력을 다했다. 이와 관련하여 류성룡의 《징비록》에는 이렇게 기술하고 있다.

이때 이순신에게는 군사 8천 명이 있어 고금도에 진주하였다. **고금도로 이전한 후 먼저 해결해야 할 일은 군량미였다.** 이에 따라 이순신은 **백성을 모집하고 군인과 함께 고금도와 이웃한 섬 그리고 홍양, 광양의 둔전에서 농사**를 짓게 하였다.

통합하고 연합하여 전투력을 극대화하다

이순신은 일본군의 군사전략을 간파하고 이에 걸맞은 대비책을 세웠다. 그것이 통합 함대의 구성이었다. 이순신은 병력의 열세를 극복하고 변화무쌍한 해상 작전에서 승리하기 위해 수군과 육군의 수륙 합동작전, 그리고 전라·경상 우수영과의 통합 함대 필요성을 절감했다. 이순신이 통합 함대 구성을 얼마나 중요하게 여겼는지를 알 수 있는 《난중일기》 대목이 있다.

우수사 이억기가 오는지 간절히 바라보며, 이리저리 거닐며 둘러보고 살펴보았다. **낮 12시쯤에 우수사가 여러 장수를 이끌고 돛을 펼치고 왔**

다. 진의 모든 장수와 군사는 기뻐서 펄쩍펄쩍 뛰지 않은 사람이 없었다. 군사들을 합치기로 거듭 명확히 약속했다申明約束. 1592년 6월 4일, 《임진일기》

그 때문인지 이순신의 8대 해전 가운데 '명량해전'을 제외하고는 모두가 대·소규모의 통합 또는 연합함대 구성을 통한 작전이었다. 통합 함대를 구성하기 위한 이순신의 노력은 1593년 2월부터 9월까지 7개월간의 《난중일기》에서 잘 알 수 있다.

이순신은 이억기, 원균, 정걸 등 전라·경상우수영, 충청수영과의 통합 함대 구성을 위해 이억기, 원균, 정걸 등과 만나 논의했다. 이순신은 이억기를 14회, 원균을 4회, 정걸을 3회 찾아가 만났다. 이억기는 이순신을 54회 찾아왔고, 원균은 21회 찾아왔다. 정걸은 13회 찾아왔다. 또 전라 우수사에게 제공공문을 보내거나 적의 정보를 전라 우수사 이억기나 충청 수사 정걸에게 통지하거나 휘하 장수를 원균에게 보내 의논하게 했다.

아침을 먹은 뒤 **우수백 이억기와 함께 앉아 적을 무찌를 수 있는지 의논했다.** (중략) 영남수백 원균이 도착해 일을 의논했다. 1593년 6월 25일, 《계사일기》
달을 타고 우영공 이억기의 배에 이르렀다. 원수사 원균과 직장 원연 등이 먼저 와 있었다. 군사 일을 논의하고 파했다. 1593년 7월 11일, 《계사일기》
아침을 먹은 뒤, **원 수사 원균에게 가서 내 배로 옮겨 탈 것을 청했다. 우수백 이억기와 충청수사 정걸도 왔다.** (중략) 우수사 이억기, 충청수사 정걸과 같이 앉아 상세히 이야기했다. 1593년 8월 19일, 《계사일기》

통합 함대로 성공적인 작전을 수행한 전투는 '한산도 대첩'이다. 이 작전에서 이순신, 이억기, 원균 함대는 통합 함대를 이루고 각자가 분담한 역할에 따라 전투를 수행했다. 1단계는 정찰 및 탐색, 2단계는 유인, 3단계는 포위 및 각개격파, 4단계는 추격이었다. 1·2단계 작전은 이순신 함대가 수행하고 3·4단계의 작전은 이순신, 이억기, 원균 함대가 합동으로 수행했다.

특히 3단계 작전은 견내량의 좁은 수로를 빠져나와 넓은 공간까지 적을 유인한 후 후퇴하는 척하다가 방향을 180도로 전환함과 동시에 학익진을 취하여 적을 포위함으로써 각개격파했다. 이 전투에서 적선 73척 중 59척을 격파하고 분멸했는데, 3개 함대가 고루 전과를 올렸다. 이러한 작전의 성공은 치밀한 작전 계획과 기동 편성, 예행연습 과정을 통해 통합 함대를 구성하고 실행에 옮긴 결과였다.

연합 함대의 위력이 돋보인 전투는 이순신의 마지막 해전인 '노량 해전'이다. 이 전투에서 조명 연합 함대가 철수하는 일본 수군을 대파힐 수 있있다.

1598년 9월, 4만여 명의 조명연합군은 수로와 육로 네 방향에서 일본군에게 대대적인 총공세를 펼치는 사로병진작전四路竝進作戰을 펼친다. 이는 조일전쟁 발발 이후 처음으로 실시한 조명연합군의 수륙 합동작전이었고, 성공했다면 일본군을 완전히 궤멸시킬 수 있는 절호의 기회였다.

그러나 명나라 육군 도독 유정이 전투에 소극적으로 임하면서 사로병진작전은 실패로 돌아간다. 1598년 10월 6일 《난중일기》에는 "도원수가 군관에게 편지를 보내 말하기를 '유 제독이 도망쳐 물러가려고 한다.'라고 했다. 원통하고 분했다. 나랏일이 앞으로 어찌 되려는가?"라고 기록하며 비통한 심경을 감추지 못했다.

"수군과 육군이 함께 진격해야 섬멸할 수 있다"

또한, 이순신은 인접 함대와의 통합 함대 편성은 물론 의병과 승병을 동원한 수륙 합동작전을 도모했다. 승군과 의병을 활용하여 육로의 중요 지점을 차단하게 함으로써 유사시 수륙합동작전이 가능하도록 했다. 1592년 9월 1일 '부산포해전'을 마치고 이순신이 보고한 《장계》에도 수군과 육군의 합동작전을 강조하고 있다.

> 이튿날 또다시 돌진하여 적의 소굴을 분탕하고 그 배들을 모조리 당파하려고 했는데, 육지로 올라간 적들이 여러 곳에 널리 가득 차 있으므로 그들의 돌아갈 길을 차단한다면 궁극에 빠진 도적들의 환란이 있을 것이 염려되어 하는 수 없이 **수군과 육군이 함께 진격해야만 섬멸할 수가 있을 것이다.** 1592년 9월 17일, 《釜山浦勝捷狀啓》

수군과 육군이 합동하여 공격하는 것이 최상의 방책이라고 판단한 이순신은 수군 전투에 육군의 지원을 받기 위한 노력을 기울였다. 이는 1593년 11월 17일 보고한 《연해의 군병·군량·병기를 수군에 전속시켜 주기를 청하는 장계》에서 알 수 있다.

> **대개 수륙水陸으로 왜적을 무찔러야 하는 것이 모두 급한 일입니다.** 그런데 요즘에 와서는 **의논이 일치하지 않고 수군의 방책으로 조치해야 할 것이 백 가지나 되는데 열에 한 가지도 시행되는 것이 없습니다.** 전쟁이 일어난 지 수년 동안 온갖 계획을 세우기도 했지만, 품은 소원이 허사로 돌아갈 형편입니다. (중략) 자나 깨나 생각해 보아도 어찌할 바를 알지 못하여 원통하고 민망함이 그지없습니다.1593년 11월 17일, 《沿海軍兵器全屬舟師狀》

또 이순신은 1594년 1월의 《장계초본》에 수륙합동작전의 여건과 원칙까지 정확하게 지적했다.

(중략) **수군은 그 병역이 대대로 전해 오는 것**이므로 사람들이 모두 **천역** 賤役**으로 여깁니다.** 육군은 비록 문벌이 있는 집안의 후예라도 으레 정 규군으로 배정이 됩니다. (중략) 그러므로 **육군 중에서** 수군으로 배정할 만한 사람을 **문벌도 가림 없이 천역에 배정시키면 과연 원망이 있을 뿐 아니라** 이런 병란을 당하여 수륙군이 각각 출전하는데 서로 바꿔 배치 한다면 소란스러운 폐단이 있을 것입니다. 바다와 육지에서 적과 대치 해 있는 이때 **바꾸어 배치한다는 중대한 일을 쉽사리 처리**할 것이 못 됩 니다. 조정에서 다시금 **자세히 살펴서 처리하는 것이 좋을 것이라 망령 되이 생각해 본 것**입니다. 1594년 1월, 《請量處水陸換防事狀》

8대 해전	함대 구성	함대 현황
①옥포해전	통합 함대	·이순신 함대 : 판옥선 23척, 거북선 1척, 협선 15척, 포작선 46척 ·원균 함대 : 판옥선 4척, 협선 2척
②당항포해전	통합 함대	·이순신 함대 : 판옥선 23척, ·원균 함대 : 판옥선 3척
③한산도대첩	통합 함대	·이순신 함대 : 판옥선 24척, 거북선 2척, 포작선 56척 ·이억기 함대 : 판옥선 25척 ·원균 함대 : 판옥선 7척
④부산포해전	통합 함대	·이순신 함대 : 판옥선 71척, 거북선 3척, 협선 90척 ·원균 함대 : 판옥선 4척, 협선 2척
⑤웅포해전	통합 함대	·이순신 함대 : 판옥선 42척 ·이억기 함대 : 판옥선 40척 ·원균 함대 : 판옥선 7척
⑥2차당항포해전	통합 함대	·이순신 함대 : 판옥선 42척, 협선 52척 ·이억기 함대 : 판옥선 54척, 협선 54척 ·원균 함대 : 판옥선 7척, 협선 7척 ·충청수영 함대 : 판옥선 1척, 협선 1척
⑦명량해전	이순신 단독 함대	·이순신 함대 : 판옥선 13척
⑧노량해전	조·명 연합 함대	·이순신 함대 : 판옥선 85척 ·명나라 진린 함대 : 63척

통합 및 연합함대 구성 현황 이순신은 조선 수군 통합 함대 구성과 명나라 수군과의 연합함대 구성을 통해 전투력을 극대화하여 8대 해전에서 승리를 가져왔다.

민간 어선을 정규군으로 위장하여 적의 위세를 꺾다

이순신은 민간 어선인 포작선을 조선 수군 전투선 후방에서 지원 세력처럼 가장하여 운용했다. 이른바 군세를 과시하는 의병疑兵 전술이다. 포작선은 '옥포해전', '명량해전', '한산도대첩', '노량해전'에 이르기까지 조선 수군의 열세한 전력을 보강하고 적의 기세를 꺾는 데 크게 기여했다.

1592년 5월 4일, 이순신이 이끄는 조선 수군은 판옥선 24척, 협선 15척, 포작선鮑作船 46척으로 1차 출동에 나섰다. 5월 7일, 전라좌수영을 떠난 지 4일 만에 조일 7년 전쟁에서 조선 수군이 최초로 승리한 '옥포해전'이 시작되었다.

이때 이순신은 함대 세력이 약했기 때문에 포작선이 함대 뒤쪽에서 위장 지원함 역할을 하도록 했다. 작은 고기잡이배인 포작선은 민간 동원선이거나 자발적으로 따라나선 해상 의병이었다. 이런 포작선이 무려 46척이나 전투선 뒤에 따라붙었다.

또 전투선인 판옥선 외에 4~5명이 승선하는 비무장 연락선인 협선 17척도 일부 무장을 시켜 함께 출동했다. 협선과 포작선이 합세하여 대규모 선단인 것처럼 보이게 하여 적의 위세를 꺾는 데 한몫했다.

새까맣게 몰려오는 조선 수군을 바라보던 일본 수군은 놀라서 허겁지겁하다가 6척의 아타케부네가 선봉선으로 나서 응전해 왔다. 원거리 포격전을 위주로 하는 조선 수군은 적이 유효사거리 내로 들어올 때까지 기다렸다가, 일시에 발포했다. 수많은 화살도 적선을 향해 날아갔다. 순식간에 옥포만은 화염과 연기로 뒤덮이고 적선은 무리 지어 옥포만 북쪽 해안을 따라 필사적인 탈출을 시도했다.

이날 전과를 보면, 적선 26척이 격침되고 일본 수군 약 3,000명 이상이 사망한 것으로 추정된다. 반면 조선 수군은 단 한 명의 사망자도 없었으며, 단 한 척의 배도 손실되지 않았다. 최초의 압도적인 승리를 통해 조선 수군에게 싸우면 이길 수 있다는 자신감을 불어넣었다.

또, 1597년 7월 15일 원균의 칠천량 해전 패전으로 인해 9월 16일 홀로 싸워야 했던 전투, '명량해전'에서 13척의 전선으로 333척의 일본 수군과 대적한다는 것은 실로 불가능에 가까웠다. 이순신 함대는 세력이 너무 미약하여 인근에 모여든 민간 어선 100여 척을 동원하여 의병선疑兵船 역할을 하게 했다. 후방 안전 해역에 대기시켰다가 본대를 뒤따르게 함으로써 적에게 예비·증원 전력이 포진하고 있다는 것을 시위하여 심리적인 위압을 안겨 주었다. 전방에서 행동하는 전선 13척은 전위함대나 척후선인 것처럼 보였지만 실제로는 주력함대로 운영하여 싸움으로써 일본군의 방심을 유도했다.

1592년 8월 14일, '한산도 대첩'의 함대 편성도 이순신 함대 전선 24척, 이억기 함대 25척, 원균 7척이었다. 이때도 이순신과 이억기 함대의 협선과 포작선 56척이 참가하였다.

1598년 11월 18일, 이순신은 2만 7,000여 명의 조명 연합군과 540여 척의 함선을 이끌고 노량에 이르렀다. 이순신 최후의 전투인 '노량해전'이다. 노량 수로와 왜교 등에는 500여 척의 일본 함선이 집결해 협공할 위세를 보였다. 이순신은 백성을 100여 척의 함대로 위장하여 전장 후방에 배치하여 적에게 증원 전력으로 오인하게 함으로써 심리적으로 압박을 가하고 적의 위세를 꺾는 데 활용했다.

《임진장초》 내용을 상위 100개의 TF-IDF값을 중심으로 워드 클라우드로 분석한 결과를 도식화하면 아래와 같다. '왜장, 군관, 격군, 포작, 토병, 첨사, 승려' 등의 단어를 볼 때 이순신이 다양한 직책과 병군을 전쟁에 활용하고자 했음을 알 수 있다.

《임진장초》TF-IDF 중심 주요 인물 워드 클라우드 왜장, 군관, 격군, 포작, 토병, 첨사 등 다양한 직책과 병종을 참여시킨 결과를 《임진장초》의 워드 클라우드에서 알 수 있다.

♣ 어떻게 적에 관한 정보를 파악할 것인가?

첩보Information는 단순히 수집 및 획득된 적에 관한 사항이며, 첩보를 검증하여 신뢰성 있는 내용으로 판단되면 정보Intelligence이다. 정보는 모든 군사 활동의 출발점으로 정확성 여부는 대응의 질을 좌우한다. 정보는 초기 단계일수록 정확하고 체계적인 수집, 분석, 처리, 전파, 활용이 중요하다.

첫째, 적의 능력Capabilities에 주목해야 한다. 먼저 적의 공격 능력, 화력 지원 능력, 기동력을 갖추고 있는지를 파악해야 한다. 또 적이 어떤 방향으로 어느 정도의 전력을 증강하고 있는지 파악할 수 있어야 이를 바탕으로 적의 계획과 의도를 판단할 수 있다.

둘째, 전장은 불확실성이 지배하므로 추측에 집착해서는 안 된다. 정보는 구체적인 증거를 통해 입증해야 하고 다양한 출처를 통해 교차 검증을 반복하여 정확도를 향상해야 한다.

셋째, 지휘관은 자체적으로 가용한 모든 수단을 동원하여 적에 대한 정보를 수집하는 노력을 기울여야 한다.

넷째, 수집된 첩보를 체계적으로 분석하여 검증된 정보로 전환하는 노력과 능력이 중요하다. 중요한 정보일수록 관련자들이 함께 모여 과학적으로 분석한 후 사용해야 한다.

03

비대칭전

- 적과 다른 수단, 방법, 차원으로 싸운다

"현대에 가까워질수록 약소국의 승률이 급격히 증가하는 이유는 약소국과
강대국이 사용하는 전략의 상호작용에 달려 있다. 약소국은 창의적이고
독특한 전략을 사용했기 때문에 승리할 수 있었다."

- Ivan ArreguinToft -

　　비대칭전은 "상대방이 효과적으로 대응할 수 없도록 다른 수단,
방법, 차원으로 싸우는 전쟁"이다.[20] 상대적인 군사력, 전략 또는 전
술이 크게 다른 교전난체 산의 선생 유형이다.

　　비대칭전의 핵심은 '이질성'과 '우월성'을 활용해 적의 취약점을
공격하는 데 있다. '이질성'은 적이 보유하고 있지 않은 무기 체계를
운용하여 적의 취약 분야를 공격하거나 파괴하는 것이다. '우월성'
은 적보다 양적·질적 측면에서 압도하는 능력으로 대응하는 것이다.
고대 전투에서 현대전에 이르기까지 혁신적인 방법과 전략 전술로
적을 격멸한 사례를 비대칭전의 사례라 할 수 있다.

　　이러한 비대칭전은 '질과 양의 비대칭전, 기술적 비대칭전, 전략
과 전술의 비대칭전, 조직과 편성의 비대칭전'으로 구별할 수 있다.

질과 양의 비대칭전	기술적 비대칭전
몽골기병(15만) vs 남송(100만)	100년 전쟁 : 장궁(영국보병) vs 석궁(프랑스 기사)
전략과 전술의 비대칭전	조직과 편성의 비대칭전
전격전(독일),게릴라전(베트남전)	기마군단(몽골), 시민군(나폴레옹)

‖ 질과 양의 비대칭전 ‖

강대국과 약소국 간 전쟁 197건을 분석한 결과를 보면 약소국이 강대국과 정면 대결을 택할 경우 승률이 24%에 불과하나 전쟁 수행 방법을 달리한 경우 승률은 63%에 이른다.[21] 즉 비대칭 전투에서 승패는 각 국가가 사용하는 전략의 상호작용에 의존한다. 약소국은 창의적이고 독특한 전략을 사용했기 때문에 승리할 수 있었다.

에드워드 스미스는 '전쟁에서 성공 확률을 높이는 것은 전쟁 수단보다 전쟁 수행 의지에 달려 있다'고 강조하면서 '전쟁 수행의 성공 확률은 수단 x 의지^{2}에 달려있다'고 주장했다.[22] 즉 전쟁 수행 수단이 전쟁 결과에 산술급수적으로 영향을 미치는 반면, 전쟁 수행 의지가 미치는 영향은 기하급수적인 경향이 있다고 했다. 또 전쟁 수행 의지가 확고부동할수록 전승에 필요한 자원의 규모는 훨씬 작아진다고 강조했다.

질과 양의 비대칭전이 잘 드러난 전투는 1592년 7월 8일, '한산도 대첩'이다. 이 전투에서 이순신은 학익진을 전개하여 전력의 열세를 일거에 만회한다.

'한산도대첩' 전투상황 예측도와 같이 '한산도대첩'에서 전투의 시작은 일자진이었다.[23] 조선 수군 10척이 1열 종대의 일자진을 형성할 때 일본 수군은 4열 종대로 100여 척이 공격해 왔다. 이때 양측의 전력은 조선 수군 10 대 일본 수군 100의 상황이었다. 일본 수군이 다가오자 조선 수군은 학익진을 전개했다. 순식간에 전세는 조선 수군 10대 일본 수군 4로 역전된다. 이와 동시에 조선 수군 10척에서 각 6발씩 모두 화포 60발을 발사한다. 이때 일본 수군은 선두 4척에서 각 2발씩 8발의 화포를 발사한다. 순식간에 조선 수군 60 대 일본 수군 8의 전세 역전이 되었다. 이때의 상황을 이순신의 '한산도대첩' 승전을 알리는 《장계》에서 자세히 알 수 있다.

> 판옥선 대여섯 척으로 선봉을 칠 기세를 보이자 왜적들이 일시에 돛을 올리고 쫓아 나오므로 우리 배 대여섯 척은 그길로 **거짓으로 돌아 나오며 견내량을 빠져나오자** 마침내 왜적들 모두가 견내량을 빠져나왔다. 그제야 나는 여러 장수에게 명령하여 **학익진鶴翼陣을 펼쳐 일시에 진격하여** 각각 **지자, 현자, 승자총통을 쏘아서** 순식간에 두세 척을 깨뜨리자 적선들의 기세가 꺾이어 물러나므로 여러 장수와 군사, 관리들이 승리한 기세로 **앞다투어 돌진해 대전大箭과 철환鐵丸을 잇달아 쏘아 대니** 그 형세가 바람과 우레 같아 적의 배를 모두 불태우고 일시에 사살하였다. 1592년 7월 15일, 《見乃梁破倭兵狀》

특히 이 전투에서 위력을 발휘한 것이 조선 판옥선의 제자리 선회다. 조선의 판옥선은 평저선으로 제자리 선회가 가능했다.[24] 회전할 경우 배 반대편에 장전된 화포를 발사할 수 있게 되어 화력의 우세를 지속해서 유지할 수 있게 된다. 이순신은 첨단 무기의 장점과 지형의 특징을 적절히 배합하여 질과 양의 비대칭전을 가장 효과적으로 구사한 군사전략가였다.

질과 양의 비대칭전

사료를 기반으로 구성하였으나 세부적인 수치나 전개 과정은 차이가 있을 수 있습니다.

전투 시작 일자진	
	[조선 수군 10 vs 일본군 100]
학익진	
	[조선 수군 10 vs 일본군 4]
화포 발사	
	[조선 수군 60 vs 일본군 8]

전투상황 예측도 《난중일기》와 《임진장초》를 바탕으로 당시 전투상황을 예측한 예상도이다.

‖ 기술적 비대칭전 ‖

지장智將 이순신의 전략, 원거리 함포 사격전

이순신은 해전의 핵심은 장거리 '포격전'이고 포격전은 대형을 어떻게 갖출 것인가에 달려 있으며, 여기에 물길에 밝은 이점을 살려 유리한 곳에서 전투를 하는 것이 중요하다고 판단했다. 조일전쟁에서 이순신이 수행했던 여러 전쟁 수행 개념 중에 가장 핵심적이면서 빛나는 전략 중 하나다.

화력은 '단순히 각각의 효과를 더하는 것이 아니라, 더 큰 효과를 창출할 수 있도록 물리적·비물리적 능력을 통합 및 동기화하는 것'이 중요하다.

이순신은 판옥선과 거북선, 각종 총통을 기반으로 해전에서 원거리 포격전을 수행하여 압도적인 승리를 가져왔다. 조선 군선은 공용화기인 대형총통과 개인 휴대용 소형 총통을 탑재하고 사정거리가 상대적으로 긴 총통을 이용하여 일본 수군의 사정권 밖 원거리에서 화력을 집중했다.

조선 판옥선은 군선에서 대형총통을 운용할 수 있을 만큼 일본 군선보다 견고했다. 총통 또한 조선 수군의 총통이 일본군의 조총보다 사정거리가 길었고 파괴력도 상대적으로 컸다. 일본 군선의 주 무기인 조총의 사정거리인 200m 내에 진입하지 않고 적어도 240~360m 밖에서 대전을 집중 발사하였다. 이보다 근거리에서는《난중일기》기록처럼 완구·승자총통류를 사용했으며, 대전의 최대 사정거리인 600m 밖에서는 대형총통에 철환을 넣어 발사하였다.

나는 여러 장수를 **독려하며 명령해 한꺼번에 달려들었다.** 화살을 빗발
치듯 쏘았다. **각종 총통을 바람과 천둥이 치듯 어지럽게 쏘았다.** 적의
무리가 겁먹고 물러났다. 1592년 5월 29일,《임진일기》
편전과 대·중 승자총통을 빗발치듯 어지럽게 쏘았다. 왜장이 전에 맞아
높은 곳에서 떨어졌다. 여러 왜가 한꺼번에 깜짝 놀라 흩어졌다. 여러
장수와 군사가 **한꺼번에 집중해 화살을 쏘았다.** 1592년 6월 2일,《임
진일기》

물론 일본군도 소통·중통·대통 등의 총통이 있었으나, 실전에서
위력은 조선 수군에 미치지 못했다.[25] 전투 수행 방식은 먼저 거북선
을 이용한 돌격 공격을 감행한 뒤에 여러 군선이 뒤따라 들어가면서
모든 총통을 일제히 집중적으로 발사함으로써 일본 수군을 무력화
시켰다.

적선을 가운데 두고 포위하여 화력을 집중사격한 전투는 첫 해전
인 '옥포해전'이다. 이 전투에서 사용한 화기는 총통과 활이었지만
적선을 포위하고 집중사격을 가함으로써 적선 26척을 총통으로 당
파 분멸하였다는 것을 이순신의 《장계》에서 알 수 있다.

**동쪽과 서쪽으로 에워싸면서 총통과 활을 쏘는 것이 마치 바람과 우레
같았습니다.** 왜적들도 탄환彈丸과 활을 쏘다가 기운이 지쳐 배 안에 있
는 물건을 바다에 내어던질 틈도 없었으며, 화살에 맞은 자는 그 수를
알 수 없고 (중략) 그날 한창 싸울 때에 왜적의 배 안에 **우리나라의 철환**
鐵丸**과 장전**長箭**과 편전**片箭**이 비 오듯 쏟아져** 맞은 놈은 곧 넘어져서
피를 줄줄 흘리자, 왜적들은 아우성치며 엎어지고 넘어지면서 모두 물
에 뛰어들어 산으로 올라갔습니다. 1592년 5월 10일,《初度玉浦勝捷
啓本》

원거리 함포 운용술은 1592년 6월 2일, '당포해전'과 1592년 6월 5일, '당항포해전'에서도 위력을 과시했다.

> 6월 2일 낮에 먼저 거북선함으로 하여금 **충루선 밑으로 곧장 쳐들어가 미르 아가리로 현자 철환을 치쏘게 하고, 또 천·지자 총통과 대장군전을 쏘아 그 배를 깨뜨리자** 뒤따르고 있던 **여러 전선도 철환과 화살을 섞어 쏘았는데** (중략) 여러 전선이 포위하고 먼저 거북함을 돌입케 하여 천·지자 총통을 쏘아 적의 대선을 꿰뚫게 하고, 여러 전선은 서로 번갈아 드나들며 총통과 탄환을 우레처럼 쏘면서 한참 동안 접전하여 우리의 위무를 더욱 떨쳤습니다. 1592년 6월 14일, 《度唐項浦等四處勝捷啓本》

전 화력을 집중해 집중 공격한 전투는 '부산포해전'이다. 《임진장초》 내용을 보면 조선 수군의 주 무기는 총통이었으며, 피사체는 장군전·피령전·장전·편전·철환 등이었음을 알 수 있다. '한꺼번에 쏘이'라는 표현을 보면 사정거리 내에서 집중공격을 하여 직신 100여 척을 분멸할 수 있었다.

> 그러나 여러 장수들은 한층 더 분개하여 죽음을 무릅쓰고 돌진하면서 **천자총통에 대장군전**大將軍箭을, **지자총통에는 장군전**將軍箭을 **황자총통에는 피령전**皮翎箭을, **활에는 장전**長箭과 **편전**片箭을 나머지 **대형총통에는 철환**鐵丸 등을 **한꺼번에 쏘아** 하루 종일 싸우니 왜적의 기세는 크게 꺾였습니다. 1592년 9월 17일, 《四度釜山浦勝捷啓本》

이처럼 조일 7년 전쟁 기간 중 일본군은 지상전에서 활과 칼로 무장한 조선군을 압도했으나, 해전에서는 각종 대소 구경의 함포를 장착한 조선 수군의 판옥선과 철갑 거북선의 화력과 충격 행동에 제대로 힘을 발휘할 수 없었다. 조선 수군의 완벽하고 압도적인 승리다.

새로운 무기 체계로 전세를 뒤집다

조일전쟁이 발발하기 1년 전인 1591년 2월 13일 전라 좌수사로 임명된 이순신은 일본의 침략을 예상하고 본영을 비롯하여 각 진鎭의 전쟁 준비를 강화하는 한편, 특수 전투함인 거북선 건조에 착수하였다. 특히 조선造船 기술이 뛰어난 군관 나대용羅大用의 역할이 컸던 것으로 보인다.

거북선에 대한 기록은 《난중일기》에 7번 등장한다. 1592년 《난중일기》에서 "거북선에 쓸 돛 베 29필을 받았다.(2월 8일)", "거북선에서 대포 쏘는 것도 시험하였다.(3월 27일)", "비로소 베돛(布帆)을 만들었다.(4월 11일)", "식후에 배를 타고 거북선(龜船)에서 지자(地字)·현자(玄字)포를 쏘아 보았다.(4월 12일)"라고 하여 조일전쟁 발발(4월 13일) 직전에 거북선 제작이 완료된 것으로 보인다.

1592년 2월 8일	이날, 거북선龜船에 쓸 돛베 29필을 받았다.
1592년 3월 27일	거북선龜船에서 대포 쏘는 것도 시험하였다.
1592년 4월 11일	비로소 베돛布帆을 만들었다.
1592년 4월 12일	식후에 배를 타고 거북선龜船에서 지자地字·현자玄字포를 쏘아 보았다.
1593년 7월 13일	순천 거북선 격군格軍이며 경상도 사람인 종 태수太守가 도망가다가 잡혀왔기로 처형했다.
1594년 2월 4일	늦게 본영의 전선戰船과 거북선龜船이 들어왔다.
1594년 2월 15일	새벽에 거북선龜船 2척과 보성 배 1척 등을 멍에로 쓸 재목 치는 곳으로 보내어 저녁 8시쯤에 실어 왔다.

《난중일기》 거북선 기록 《난중일기》에는 거북선(龜船)에 대한 기록이 7번 등장한다.

거북선의 구조와 운영, 활약상은 1592년 6월 14일 《장계》인 《당포파왜병장唐浦破倭兵狀》에서 잘 나타난다.

신이 일찍부터 섬 오랑캐가 침노할 것을 염려하고 특별히 귀선을 만들었사옵니다別制龜船. **앞에 용두를 설치하고**前設龍頭 **아가리로 대포를 쏘게 하고, 등에는 쇠꼬챙이를 심었으며 안에서는 밖을 내다볼 수 있으나 밖에서는 안을 엿볼 수 없게 되어,** 비록 적선 수백 척이 있다 하더라도 그 속으로 돌입하여 대포를 쏠 수 있게 된 것입니다. 그래서 이번에야 돌격장突擊將이 그것을 타고 나왔습니다. **거북선을 운용하는 요령은 먼저 거북선으로 하여금 왜 적선이 있는 곳으로 돌진케 합니다. 그다음에 먼저 천자·지자·현자·황자 등 여러 종류의 총통을 쏘게 합니다.** 그러면 산 위에서나 언덕 아래에서 배를 지키는 세 곳의 왜적들도 철환鐵丸을 쏘는데 마치 비 오듯이 마구 쏘아 댑니다.[26]

조신군의 새로운 무기 체계 거북선의 능장은 일본군에게 두려움과 공포를 주어 기술에 의한 비대칭을 가져온 대표적인 사례. 이순신은 1592년 5월 29일, 두 번째 출전인 '당항포해전'부터 거북선을 이용한 결전전략決戰戰略을 수행했다.[27] 2차 출전을 끝낸 전투 결과 보고선인 당항포에서 적을 무찌른 장계 《당포파왜병장唐浦破倭兵狀》 속에 거북선이 포함되어 있다.

해전 결과 적선 13척을 무찔렀으며, 조선 수군도 가벼운 피해를 입었는데 군관 나대용과 이순신이 적탄에 맞았다.

구분	총통 모습	총통 내용
천자총통 보물 제647호		이 총통은 우리나라 화포 중 가장 큰 화기이며, 그 명문이 남아 있는 가장 오래된 것으로 국방 과학기술 문화재로 평가되고 있다.
지자총통 보물 제862호		체형은 포구砲口 쪽이 약간 가는 편이고, 약실藥室과 이어진 포미砲尾 쪽이 두터운 편이다. 통신과 약실의 경계에 두 줄의 선線이 있는데, 그 돌려진 선의 부피가 보다 얕고 좁은 편이다.
현자총통		길이 76.7cm, 입지름 12cm, 최대지름 13.7cm 탄환과 화살을 장착하며 사거리가 800-1500보에 달했다.
황자총통		황자총통은 천天·지地·현玄·황黃 총통 중 그 체형體形이 가장 소규모인 유통식 화기有筒式火器이다. 해군사관학교 박물관을 비롯하여 아산 현충사, 경남대학교 박물관 등에 유사한 황자총통이 남아 있다.
승자총통		승자총통은 1575년 전라좌수사와 경상병사를 역임한 김지金墀가 개발하였다. 기존의 총통보다 긴 총신을 이용해 사정거리를 개선한 휴대용 화약무기이다.

조선시대 총통 사거리가 일본군의 조총보다 월등히 길었기에 해전에서 위력을 발휘했다. 대형 화포는 크기와 중량에 따라 천天·지地·현玄·황黃으로 분류하였다. (국립중앙박물관, 국가유산청 아산현충사 소재)

조일전쟁 당시 조선 수군 총통의 성능은 어느 정도였을까?

일본 수군에게 치명적인 피해를 주면서도 아군의 피해를 최소화할 수 있던 비결은 무엇일까? 이순신이 분석한 총통의 성능에 대한 《장계》보고에서 그 비결을 찾을 수 있다.

> 신이 여러 번 큰 싸움을 겪었습니다. 왜놈의 조총鳥銃을 얻은 것이 매우 많았으므로, 항상 눈앞에 두고 그 묘리를 실험하였더니, **총신銃身이 길기 때문에 그 총구멍이 깊숙하고, 깊숙하기 때문에 탄환의 나가는 힘이 맹렬하여 맞기만 하면 반드시 부서집니다. 우리나라의 승자勝字나 쌍혈雙穴 등의 총통은 총신이 짧고, 총구멍이 얕아서 그 맹렬한 힘이 왜적의 총통만 같지 못하며, 그 소리도 우렁차지도 못하므로 조총을 언제나 만들어 보려고 하였습니다.** 그런데 신의 군관 훈련 주부 **정사준이 그 묘법을 생각해 내어** 대장장이 낙안 수군 이필종·순천 사삿집 종 안성 등을 데리고 정철正鐵·무쇠을 두들겨 만들었는데, 총신도 잘되었고 총알이 나가는 힘이 조총과 꼭같습니다. 심지 구멍에 불을 붙이는 기구가 비록 조금 다르지만, 얼마 안 가서 다 마쳐질 것입니다. (중략) 수군 소속의 각 고을과 포구에서 우선 같은 모양으로 만들게 하였으며, 한 자루는 전 순찰사 권율에게 보내어 고을마다 같은 모양으로 만들게 하였습니다.[28]
> 1593년 8월,《화포를 올려 보내는 일을 아뢰는 계본》

여기서 이순신은 조선 수군의 소형통, 즉 개인 화기의 성능이 일본 조종보다 못한 이유를 분석하고 있다. 그 원인은 총신이 짧고 총구멍이 얕기 때문이라고 지적하면서 조총을 본떠 '정철총통'을 만들었다고 조정에 보고하고 있다. 그리고 그 성능이 날아가는 새도 맞춘다는 조총과 같았다고 했다. 이런 내용은 1593년 9월 14일,《난중일기》에도 적혀 있다.

> 이제야 온갖 방법으로 생각해 내어 조총鳥筒을 만들어 내니, **왜군의 총통과 비교해도 가장 절묘하다. 명나라 사람들이** 진중에 와서 사격을 시험하고서 잘 되었다고 **칭찬하지 않는 이가 없는 것은 이미 그 묘법을 얻었기 때문이다.** 도내道內에서는 같은 모양으로 넉넉히 만들어 내도록 순찰사와 병사兵使에게 견본을 보내고 공문을 돌려서 알리게 하였다.[29]

조선 수군이 운용하던 거북선龜船과 판옥선板屋船에는 천자총통·지자총통·현자총통·황자총통 등의 대형 화포가 장착되어 있었는데 이들 화포의 우수한 성능은 해전에서의 조선 수군의 전술적인 우위로 나타났다.

당시 일본 수군은 조총을 중심으로 적선에 올라타 백병전白兵戰을 치르는 전술을 구사한 반면, 조선 수군은 대형 전함의 전후좌우에 장착된 각종 대형 화포를 이용한 함포 전술艦砲戰術을 구사하였다. 특히 조선군의 화포는 일본군의 조총에 비해 사거리가 월등히 길어 원거리에서도 적선을 공격할 수 있었기 때문에 육전과는 달리 조선 수군이 압도적인 우위를 차지할 수 있었다. 조선의 총통은 실로 막강한 성능을 가졌다.

일본 전국시대 승패를 좌우한 '조총'과 '3단 사격술'

일본군은 100년의 내전인 전국시대를 끝낸 뒤라 수없이 많은 전술과 전투 능력을 발전시켰다.[9] 대표적으로 오다 노부나가織田信長

---

9) 일본의 전국시대는 1467년 오닌의 난에서 시작, 도요토미 히데요시의 전국 통일까지 약 120년간 계속됐다.

와 도쿠가와 이에야스德川家康 부대는 조총부대의 조총철포 3,000자루로 나가시노 전투에서 당시 일본 최정예 다케다 가츠요리 기마부대 1만 2,000명을 섬멸했다.

오다 노부나가는 연속 사격이 불가능하고 20~25초까지 걸리는 화약 재장전 시간의 단점을 이른바, '3단 사격술'로 극복했다. 철포부대를 3열로 세우고 차례로 발사-장전-준비를 하는 전략이다. 맨 앞 열이 사격을 하고 뒤로 빠져 총탄을 재장전하는 동안 두 번째 열 군사가 사격하고 세 번째 군사가 사격하는 사이 첫 번째 군사가 장전을 마치고 대기하는 방식을 무한 반복한다.

구분	3진	2진	1진
사격 방식	준비	장전	발사
	발사	준비	장전
	장전	발사	준비

오다 노부나가 3단 사격술 3개의 진으로 배치된 병사들이 발사, 장전, 준비를 반복하여 화약 재장전 시간을 단축했다.

조일전쟁에서 일본군이 사용한 조총은 실질적인 살상 거리가 40m~50m, 유효 타격 거리가 70m~80m 이하였다. 조총은 창보다 쉽게 배울 수 있는 장점이 있어 전국시대의 승패를 좌우하는 무기로 자리매김했다.

조일전쟁에서 일본군이 사용한 조총 (국가유산청 현중사 관리소, 옥포대첩기념공원 소재)

수중 장애물 철쇄로 걸어서 넘어뜨리다

이순신이 수중 장애물인 철쇄를 활용했다는 근거는 1592년《난중일기》에 4번 등장한다. 적의 해상 접근을 미리 관측 보고받기 위해 기지 주변 산정에 신호대를 설치했으며, 큰 돌멩이에 구멍을 뚫어 쇠사슬을 박아 적 예상 접근 수로에다 수중 장애물을 부설했다.

성 아래 사는 초병 박몽세가 석수로 선생원의 **철쇄**鐵鎖**를 설치할 돌을 뜨는 곳에 가서** 근처 이웃 사람의 강아지에게 해를 끼쳤기에 장 80에 처했다. 1592년 1월 16일,《임진일기》

저녁에는 **철쇄를 꿸 구멍 뚫을 돌을 실어 오는 일**로 선생원에 배 4척을 보냈는데, 김효성이 배를 이끌고 갔다. 1592년 1월 17일,《임진일기》

철쇄를 횡설하는 데 사용할 큰 돌덩이, 중간 크기의 돌덩이 80개 남짓을 배로 실어 왔다. 1592년 2월 2일,《임진일기》

새벽에 **철쇄를 꿸 나무를 베는 일**로 이원룡에게 군사를 거느리게 해 돌산도로 보냈다. 1592년 2월 9일,《임진일기》

일찍 식사를 한 뒤 배를 탔다. 소포에 도착하여 **철쇄를 가로질러 메는 것을 감독**하였다.. 내내 나무 기둥을 세우는 것을 자세히 살펴보았다. 1592년 3월 27일,《임진일기》

《난중일기》의 내용으로는 철쇄가 여수 소포에서 돌산도까지 가장 좁은 수로에 설치되었음을 말해 준다. 큰 돌멩이에 구멍을 뚫어 쇠사슬을 박아 적의 예상 접근 수로에 수중 장애물을 부설했다. 어선에 쓰던 막게를 수로를 가로막는 수단으로 이용하고 지형과 장애물을 적절히 이용해 전투를 승리로 이끈 이순신의 창의성이 돋보인다.

1597년 10월 26일, '명량해전'은 이렇게 물살이 거센 좁은 수로에서 벌어진 전투로 수로의 양쪽을 가로질러 수중에 철색을 설치하고 이를 이용한 전투였다. 이때 일본 수군은 333척, 조선 수군 13척에 비해 30배나 되었다. 그러나 수중 철쇄로 수로를 막고 적선끼리 충돌하게 하며 철쇄에 걸렸다가 파손되어 넘어오는 적선 2~3척을 13척의 배로 앞에서 횡렬진으로 가로막아 공격하니 1:4 내지 1:6으로 오히려 우세한 전력 간의 싸움으로 변했다. 마지막으로 수중 철색에 걸려 있는 배와 넘어오는 적선을 향해 지자·현자 등 각종 총통을 사용하여 적을 제압했다. 홀로 싸워 이긴 바다, '명량해전' 도대체 명량의 수로는 얼마나 좁고 물살은 얼마나 세며, 조류가 어떻게 급변하기에 고작 13척으로 적 대군을 격파할 수 있었을까? 명량 울돌목의 폭은 325m, 가장 좁은 곳은 280m며, 평균 수심은 20m인 좁은 길목이다. 하루 4번씩 지속 10km 이상 되는 빠른 조류가 동·서로 순류 및 역류를 반복하는 특수한 협수로다. 전술적으로 중요한 에로 지점Choke Point을 이순신은 지난날 인근 고을의 현감 재직 시에 세밀하게 관찰하고 연구해 두었다. 지금은 진도대교가 건설되어 울돌목이 인공적으로 굴착 확장되었기 때문에 당시와 같은 조류의 변화를 실감할 수는 없다.

조류의 변화 시각

정조 후 다시 북서방향으로 창조류(밀물)   PM 6:56   AM 06:30   정조 후 북서방향으로 흐르는 창조류(밀물)

최강 낙조류(2.7m/s) (고조에서 저조로 해면이 낮아질 때를 말한다.)   PM 12:21   AM 10:00   최강 유속(4m/s)

AM 12:21

남동방향으로 전류 (바닷물 흐름이 조선 수군에 유리하게 바뀜)

기술적 비대칭전

사료를 기반으로 구성하였으나 세부적인 수치나 전개 과정은 차이가 있을 수 있습니다.

조선 판옥선		일본 세키부네
120~160명	승선 인원	60~70명
15~27m	밑바닥 길이	11~21m
16~20개	노	80개
3노트	속력	3노트 이상(속력 빠름)
80~280t	배수량추정	50~210t
천자·지자·현자·승자총통 (대장군전·장군전·피령전·철환 발사) 대완구(비격진천뢰 발사) 활(장·편전, 화전 발사)	주병기	조총, 활
·1단계: 총통(선체 파괴, 　　　인명 살상) ·2단계: 화살(인명 살상) ·3단계: 화공(선체 소각)	공격술	·1단계 : 조총(인명 살상) ·2단계 : 화살(인명 살상) ·3단계 : 선체 접근, 　　　선체 점령
평저선 (바닥이 평평해 연안 항해 유리)	특징	첨저선 (바닥이 뾰쪽해 빠르지만 연안 항해 불리)

조일전쟁 주력 전투선 비교 조선의 병기와 판옥선이 월등히 우수했음을 알 수 있다.

♣ 태세態勢, 준비準備, 대비對備는 어떻게 다른가?

태세態勢·Posture는 상태狀態·Condition와 형세形勢·Situation다. 적에 대한 정확한 정보를 바탕으로 전략적·물리적·정신적·조직적 준비가 완비되어 어떠한 상황이나 도전에도 대응할 수 있는 준비 상태 Complete Readiness를 의미한다.

준비準備는 이미 정해져 아는 일, 당면해 있는 일을 대상으로 하고 대비對備는 정확히 알진 못하지만 앞으로 일어날 수 있는 상황, 시간상으로 좀 먼일을 대상으로 한다.

군에서는 장차 발생할 수 있는 상황에 대처하기 위해 군사 대비 태세軍事對備態勢·Military Readiness Posture를 유지하고 있다. 그러므로 적의 어떤 공격에도 자신을 지킬 수 있는 방어 태세Defense Posture를 갖추고 적이 허점을 드러낼 때 결전을 벌일 수 있는 태세를 갖춰야 한다.

♣ '무데뽀(막무가내) 정신'의 유래는 어디일까?

조일전쟁에서 일본은 조총鳥銃 즉 '데뽀鐵砲'를 갖고 조선을 침략해 왔다. 무데뽀는 '데뽀도 없이 전쟁터에 나간다'는 의미가 있다. 무데뽀無鐵砲·무철포는 분별없이 덤빈다는 말이다.

‖ 전략과 전술의 비대칭전 ‖

맞춤형 전투 진형으로 공략하다

조선의 전투 진형은 일자진一字陣, 장사진長蛇陣, 어린진魚鱗陳, 첨자찰진尖字札陳, 학익진鶴翼陣, 원진圓陣, 곡진曲陣, 직진直陣, 예진銳陣 등이 있었다.

이 중 이순신이 주로 사용한 진은 일자진一字陣, 첨자찰진尖字札陳, 장사진長蛇陣, 학익진鶴翼陣 등이다. 조선 수군은 다양한 진법에 따라 전투를 수행했다.

'일자진一字陣'은 한일一자 모양으로 횡렬이 길게 늘어선 진형이다. 좁은 물목을 봉쇄하여 적의 도주를 막고 공격해 오는 적을 맞아 포격전을 구사하기에 좋은 진형이다. 판옥선을 옆으로 돌려 많은 수의 화포를 적에게 겨누고 한꺼번에 포격을 가할 수 있다. 두 줄, 세 줄로 중첩해서 일자진을 형성하면 포격전에서 2차, 3차 연속 사격 효과도 거둘 수 있고 다른 열이 사격하는 사이 다음 포격 준비를 할 수 있어 포격시간의 간격을 최소화할 수 있다. '옥포해전'과 '명량해전'에서 사용했다.

'첨자칠진籤子七珍'은 수군에서 사용하는 진형의 하나로 그 모양이 끝이 뾰족한 갑옷미늘인 첨자찰 형태로 전선을 배치하였다고 하여 붙여진 이름이다. 이 진형은 넓은 바다에서 수군이 항진할 때 주로 쓰이는데 전투에서는 첨자진을 기본으로 장사진, 일자진, 학익진 등으로 빠르게 전환이 가능한 장점도 있다.

'장사진長蛇陣'은 뱀이 기어가듯 함대를 일렬로 배치한 형태의 진형이다. 좁은 물길과 포구가 많은 남해안 포구를 항해하거나 좁은 포구에 틀어박힌 적을 상대로 싸울 때 사용한다. '당항포해전'과 '부산포해전'에서 사용했다. 장사진을 이끄는 선봉의 장수는 해역 지리에 밝거나 용맹이 특출한 장수가 맡았다. '당항포해전'에서는 광양 현감 이자 조방장 어영담이, '부산포해전'에서는 녹도만호 정운이었다.

'학익진鶴翼陣'은 아군이 적보다 많거나 우세한 상황에서 적을 포위하여 섬멸하기 위한 진형이다. 학이 날개를 펴듯 돌진해 오는 적을 에워싸고 사방에서 공략하는데 날개의 끝, 측면이 공격받을 경우 위험에 처할 수 있다. '한산도대첩'에서 사용했다. '한산도대첩' 당시 전력은 전라 좌·우수영과 경상우수영 연합 조선 수군함대는 판옥선 52척, 귀선 3척이며 일본 수군은 73척으로 함대와 병력은 일본이 우위이지만 주력 함선과 화력은 조선 수군이 우위였다.

해전	피아 전력		전투진	전술
	조선수군	일본수군		
①옥포해전	91척	50여 척	일자진	선제 기습 (양익포위)
②당항포해전	87척	67척	장사진	포위 섬멸, 유인 격멸
③한산도해전	56척	115척	학익진	유인, 양익포위
④부산포해전	173척	472척	장사진	원거리 기동전 (정면공격)
⑤웅포해전	89척	40척	-	추격 및 퇴로 차단, 수륙양면 협공
⑥2차 당항포해전	124척	21척	학익진	
⑦명량해전	13척	333척	일자진	봉쇄, 추격, 격파
⑧노량해전	146척	500척	-	각개격파

8대 해전별 운용 전투진 8대 해전별 운용한 전투진은 피아 전력과 상황 등을 고려하여 다양하게 구사하고 있음을 알 수 있다. 《임진장초》, 《이충무공전서》, 《선조실록》에서 종합

'옥포해전'에서는 양익 포위로 선제 협공을 했고, '당항포해전'에서는 어린진법과 학익진을 사용했다. 또 '한산도 대첩'에서는 넓은 해역으로 유인하여 학익진으로 에워싸 격파했으며, '부산포해전'에서는 적의 대응 태세가 갖추어지기 전에 기습공격과 장사진을 썼다. 부산포 앞바다에서 이순신 함대가 앞장서고 그 뒤를 이억기 함대와 원균의 함대가 뒤따랐다. 이때의 진형에 대해 이순신은 장사돌진長蛇突進이라는 표현을 했다. 일제히 줄을 지어 왜 적선에 번갈아 가면서 공격을 한 것이다.[30]

'명량해전'에서는 일자진을 사용했다. 적선은 수백 척이 마치 태산으로 누르는 것 같은 형세를 취했으나 이순신은 조금도 동요하지 않고 횡열진橫列陳으로 진을 치고 좁은 수로에서 역류를 이용하여 봉쇄 추격, 격파했다.[31] 마지막 전투인 '노량해전'에서는 국부 우세에 의한 각개격파로 승전을 장식했다.

옥포·합포·적진포·사천·당포·당항포·견내량·안골포·부산포 등 많은 전투에서 이순신의 전투 진형을 보면 비슷한 것 같지만 작전 형태와 전투 진형을 볼 때 다양한 진형을 활용했음을 알 수 있다. 이처럼 다양한 전투진을 운용했다는 것은 전투에 앞서 치밀한 계산과 전략적 안목으로 사용할 전략 전술을 계산하고 있었음을 알 수 있다.

북한은 예측 불가능한 비대칭적 방식의 도발을 계속하고 있다. 이런 상대를 억제하는 최상의 방법은 거부에 있다. 적이 도발의 의지를 갖지 못하도록 하는 빈틈없는 전략이 중요한 때이다.

전략과 전술의 비대칭전

사료를 기반으로 구성하였으나 세부적인 수치나 전개 과정은 차이가 있을 수 있습니다.

구 분	형 태	사용한 전투
첨자철진		수군 항진 시 기본 진형
일자진		옥포해전 명량해전
장사진		당항포해전 부산포해전
학익진		당항포해전 한산대첩

이순신의 전투 진형 이순신은 전투 목표와 전투 수행방식에 따라 다양한 전투 진형을 사용했음을 알 수 있다. (인천광역시립박물관, 국가유산청 국립중앙박물관 소장)

♣ 일본군 조총鳥銃의 수준은 어땠을까?

조총은 하늘을 나는 새鳥도 떨어뜨린다는 뜻이다. 최대 사정거리 300m, 최대 유효사거리 약 150m 정도이다. 조일전쟁 당시 일본군의 조총은 조준사격이 아닌 지향사격을 했다. 이후 기술이 발전하고 사격의 개념이 변화되자 견착식으로 바뀌었다.

당시 일본군의 조총은 총알을 장전하는 속도가 매우 느려 숙련된 사수도 1분에 2발 정도 발사할 수 있었다. 또 총을 쏠 때마다 총기에 화약 찌꺼기가 쌓였기 때문에 꼬질대로 화약 찌꺼기를 청소해야 총을 쏠 수 있었다. 특히 심지에 불을 붙여야 총알이 발사되는 구조였기 때문에 비나 눈이 오면 심지가 젖어 총을 발사할 수 없었다.

조일전쟁 당시 의병으로 활동한 조경남의 《난중잡록》을 보면, 1592년 5월 8일 한양에 주둔 중인 일본군을 염탐하였더니 조총에 들어가는 총알을 가진 자는 4~5명 중에서 겨우 1명이고 그나마 1명이 가진 총알의 개수도 15~16알에 불과하였다고 하였다. 화살은 갑옷을 뚫기가 매우 어렵지만, 조총의 경우는 화살보다 위력이 훨씬 강해서 50m 안에서는 아무리 두꺼운 갑옷이라고 해도 맞으면 뚫렸다. 조선의 각궁은 10초당 1발씩 1분에 6발을 쏠 수 있었고, 사거리는 100~200m였다. 활쏘기에 익숙해지려면 시간이 매우 오래 걸리지만, 조총은 한 달만 가르치면 누구나 쏠 수 있었다.

04

4세대 전쟁
- 모든 가용 네트워크를 운용하다

"정치적 의지가 더 큰 경제력과 군사력을 이길 수 있다."
"전쟁의 중심Center of Gravity은 인간의 마음이다."
- William S. Lind -

4세대 전쟁은 정치, 경제, 사회, 군사 등 모든 가용 네트워크를 활용하여 상대국의 정책결정권자가 자신들의 전략 목표 달성이 불가능하거나 이익보다 비용이 지나치게 많이 들어간다고 확신하게 하는 전쟁 수행 방식이다. 적 세력 내부 시민의 마음과 정책결정권자의 심리를 공격의 직접적인 대상으로 삼는다.

4세대 전쟁의 특징은 첫째, 목적과 대상, 공간의 변화를 들 수 있다. 정치적 의지와 전쟁 수행 의지 약화를 추구하여 적의 내적 파괴를 유도하며 전장과 非전장의 구분, 전선, 전투원의 구분이 모호해진다. 둘째, 기동과 기습을 중시한다. 규모의 감소, 신속한 이동, 자유로운 분산, 순간적 집중을 활용한다. 비정규군과 특수작전을 추구한다. 셋째, 도덕성을 중시한다. 전투에만 치중하기보다 대중들로부터 전쟁의 정당성과 영향력을 확보하는 데 집중한다.

이순신의 전투 수행 과정에서 4세대 전쟁의 특징이 드러난다. 첫째, '한산도대첩'의 장쾌한 승리는 조선 침략을 결정한 도요토미 히데요시에게 전략 목표 달성이 불가능하다는 점을 각인시켰다.

'한산도대첩'은 적 7,000여 명을 격퇴한 대승이었다. '한산도대첩' 이틀 만에 적의 지원부대까지 전멸하자, 도요토미 히데요시는 "조선 수군과 싸우지 마라, 조선 수군이 싸움을 걸어도 쫓아가지 마라, 조선 수군과의 해전을 금지한다."라는 명령서를 일본 수군에 전달한다.

히데요시의 '수륙병진전략'의 좌절은 곧 침략의 사형 선고와도 같았다. 이로써 일본군은 남해안의 제해권을 조선 수군에게 빼앗겼고, 향후 전개되는 '부산포해전'에서는 제해권을 넘어 육상 진격로와 본국의 보급로 및 퇴각로가 전면 차단되었다. 1593년 2월 22일 《난중일기》를 보면, 이순신은 육지에 상륙할 것처럼 오인 판단하게 만들어 적의 예기를 꺾었다.

> 웅천에 이르러 두 승장僧將인 **삼혜, 의능과 의병 성응지를 제포**薦浦**로 보내어 곧 육지에 오르려는 것같이 하고, 우도의 여러 장수의 배들은 부실한 것을 골라 동쪽으로 보내어 역시 육지에 오르려는 것같이 하였다.** 왜적들이 **당황하여 갈팡질팡할 때 전선을 모아 곧바로 뚫고 들어가니 적들은 세력이 나뉘고 약해져 거의 다 섬멸되었다.** 1593년 2월 22일, 《계사일기》

둘째, 이순신은 모든 가용 네트워크를 활용하여 전투를 수행했다. 의병과 의승군은 물론 피난민까지 전쟁에 자발적으로 참여하도록 했다.

의병과 의승군을 수륙 양전에 참전시키다

의병은 나라가 위태로워지자 자발적으로 뭉쳐 육전과 해전에 참전하여 수많은 전과를 올렸고 군량 등을 제공하여 조선 수군 승리에 공헌했다.

이순신은 의병을 군사 행동인 것처럼 꾸민 전술을 구사했다. '명량해전'에서 인근에 모여든 100척 남짓의 어선을 북방해역에 배치해서 주력함대인 것처럼 행동하게 했다. 실제 주력함대 13척을 전위함대 또는 척후선인 것처럼 운용하여 적에게 아군의 전력을 오인하게 유도했다. 이순신이 육상의 의병과 함께 작전했다는 것은 1594년 9월 26일의 《난중일기》에서 알 수 있다.

새벽에 곽재우·김덕령 등 여러 장수가 견내량에 이르렀다. 박춘양朴春陽을 보내어 건너온 까닭을 물었더니, **수군과 합세하라고 원수**권율**가 보낸 것이다.** 1594년 9월 26일, 《갑오일기》

또, 이순신은 도원수 권율에게 의병을 활용해 수륙병진水陸竝進할 것을 건의했다. 특히 **승려**僧**에세** 임무를 부여하여 합농작전을 수행했다는 점을 아래 이순신의 《장계》에서 알 수 있다.

따로 더 소집할 때에, 또 구례에 사는 진사 방처인, 광양에 사는 한량 강희열, 순천에 사는 보인 성응지 등이 비분강개하고, 의분으로 행도를 규합하여 역시 각각 군사를 일으켰다. 방처인은 도탄으로, 강희열 및 **중 성휘 등은 두치로,** 신해는 석주로, 지원은 운봉 팔양치로 가서 요해처를 파수케 하고, 관군과 함께 협력하여 사변에 대비할 것을 전령하였다. 또 성응지에게는 본부의 성을 수비하도록 전적인 책임을 맡겼으며, **중 삼혜는 순천에 유진**하고, **중 의능은 본영을 유방하다가 적세의 경중을 보아서 육전이 중대하면 육전에 임하고, 해전이 중하면 해전에 참가**하라는 뜻을 약속했습니다. 1593년 1월 26일, 《分送義僧把守要害狀》

이순신의 지휘를 받아 작전을 수행한 승장僧將의 임무는 아래 표와 같다. 의승군 활동 장군은 의승 수군 가운데서 용맹과 지략을 겸비한 승려를 선발하여 승장으로 임명하고, 부대를 편성하여 임무를 부여하고 통솔케 하여 수륙 양전에 힘쓰도록 하였다

승장	직함	임무	비고
삼혜三慧	시호별도장豺虎別都將	순천 방어	수륙양전
의능義能	유격별도장遊擊別都將	본영 방어	수륙양전
성휘性輝	우돌격장右突擊將	두치 방어	두치(광양)
신해信海	와돌격장左突擊將	석주 방어	석주(구례)
지원智元	양병용격장揚兵勇擊將	운봉 방어	남원

조일전쟁 당시 승장과 임무 이순신의 지휘를 받아 조일전쟁 당시 작전을 수행한 승장 僧將과 수행한 임무 현황이다.

피난민의 자발적인 동참으로 수군을 재건

현대 지휘관은 군사작전 수행에서 군수 지원 부담이 이순신만큼 크지 않다. 주어진 MET-TC(Mission, Enemy, Terrain & Weather, Troop, Time Available, Civilian Considerations : 임무, 적, 지형 및 기상, 가용부대, 가용시간, 민간 고려 요소)에 따라 현대화된 장비와 화기, 지휘 통제 수단을 활용하여 전투에서 승리하면 된다.

그러나 수군 지휘관 이순신은 작전 계획 수립, 병력과 군량미 동원, 전선과 화포 제작, 기상 및 항해 정보 수집, 교육 훈련, 사무 행정 처리 등 모든 전쟁 준비를 스스로 처리해야만 했다. 군수 지원 부

담, 지휘 통제 수단의 제한이란 악조건을 무릅쓰고 우세한 적과 해상결전을 벌여 전승을 거둔 것은 결코 쉬운 일이 아니다.

이 과정에서 백성을 사랑하고 피난민을 보살피는 이순신의 영웅적 면모를 볼 수 있다. 둔전屯田을 마련하여 식량을 해결하는 목민관牧民官의 책무는 물론 고통받는 백성의 어려운 사정을 외면하지 않고 조정에 건의하고 대책을 세운다. 바야흐로 "어진 사람에게는 적이 없다."라는 맹자의 인자무적仁者無敵 실천이다.

목마구민牧馬救民. "말도 기르고, 백성도 구하자."라는 말이다. 경상도 피난민이 전라도 관할 지역으로 피난을 오자, 이순신은 기존 규칙에서는 금지된 섬에 있는 목장에 피난민을 정착시키고 농사를 지을 수 있게 했다.

이순신은 관할 5관 5포의 주민들이 농사를 짓고 고기를 잡아서 살 수 있도록 보호해 주는 것을 중시했다. 그래서 그가 가는 곳마다 백성들이 구세주처럼 숭상하고 군사력 동원에 적극적으로 협조했다. 특히 한산도와 고금도에 이순신이 진을 지고 있을 때 선쟁 전보다 고을 인구가 10배나 늘어났다. 민심과 군심을 잘 다독이고 전투 준비를 철저히 함으로써 승전의 바탕을 마련할 수 있었다.

이순신은 전쟁 첫해에 피난민이 떠돌아다니는 것을 보고 그들을 전선에 나눠 싣고 곡식, 종자까지 줘서 돌산도로 들여보내어 살도록 했다. 백성의 지원 없이는 전쟁을 치를 수 없다는 것을 너무도 잘 알고 있던 가슴 따뜻한 지휘관 이순신의 지혜로운 조치였다.

이른 아침에 미조항 첨사 김응함과 해남 현감 류형, 강진 현감이 해남현의 **군량을 실어 나를 일로 보고**하고 돌아갔다. 1597년 10월 20일, 《정유일기》

해남에 있던 **왜의 군량 322섬을 실어 왔다.** 1597년 10월 24일, 《정유

일기》

저녁에 양밀을 도양장의 **둔전 곡식을 제멋대로 나누어 준 일로 장 60에 처했다.** 1597년 10월 30일,《정유일기》

영암 군수 이종성이 왔다. 게다가 **"군량미 200섬을 마련했고, 중품 벼 700섬도 마련했다."**라고 했다. 이날 보성군수와 흥양현감을 시켜 **군량 곳집庫家 짓는 것을 보게 했다.** 1597년 11월 5일,《정유일기》.

새로 지붕에 이엉을 이었다. **군량 창고도 새로 지었다.** 1597년 11월 7일,《정유일기》

《장계》에서 전투 지속 능력 보장을 위해 전투용 말을 확보하기 위한 이순신의 노력이 보인다.

신의 생각은 순천 돌산도와 백야곶, 흥양 도양장에서 **기르는 말 중에는 싸움에 쓰기에 적합한 말이 많이 있으니, 많이 몰아 잡아 장수와 군사들에 나누어 주어 살찌게 기르고 길들여 전쟁터에서 쓴다면** 승리할 수 있습니다. 이는 신이 마음대로 아뢸 일이 아니지만, 일이 아주 급해 겸 관찰사 이광에게 **"말을 붙잡는 것을 감독할 관리를 선정해 보내게 하고, 말을 몰아내는 군사는 각 진포의 새로 복무를 위해 입대한 군사로 하여금 1~2일을 한정해 포획해 조련하도록"** 공문을 보냈습니다. 1592년 5월 15일,《玉浦跛倭兵狀》

새로운 형태의 비정규전을 통칭하는 '4세대 전쟁'은 약자가 강한 자를 이길 수 있는 전쟁이라고 한다. 이때 약자는 강자의 전쟁지도부를 직접 공략한다. '4세대 전쟁'에서 전쟁의 승패는 군사력의 크기가 아니라 '정치적 의지'에 따라 좌우될 수 있다. 절대적 약자였던 조선의 이순신이 의병, 의승군, 피난 백성까지 동원하여 적의 '정치적 의지'를 좌절시킨 사례에서 '4세대 전쟁'의 특징과 유사점이 발견된다. 결과적으로 이순신은 적의 전쟁지도부 히데요시를 직접 공략하여 좌절시켰다. 그리고 나라와 백성을 구해냈다.

명량해전을 앞둔 장수들과 회령포의 결의 (해남 명량해전대첩지)

♣ 전장戰場도 전선戰線도 없는 4세대 전쟁 어떻게 전개될까?

미국 군사평론가 윌리엄 린드william Lind는 그의 저서 《제4세대 전쟁》에서 '현대의 전쟁을 4세대 전쟁The fourth generation war'이라고 정의했다. 앞으로의 전쟁은 의도나 동기, 접근 방식이 이전과 다른 특징을 갖고 전개된다고 주장한다.

첫째, 소규모 전투단위와 전투원이 임무를 수행하며, 둘째, 중앙집중형 물자 지원의 의존도가 낮아지며, 셋째, 높은 기동성과 민첩한 특수부대를 활용하는 정도가 많아지고 넷째, 적의 내부를 파괴의 중심으로 삼고 적의 취약점이나 중심부를 목표로 한다. 즉 4세대 전쟁은 상대방의 전쟁 수행 의지를 파괴하는 데 초점을 둔다.

4세대 전쟁에서 '정치적 의지'가 전쟁 승패를 좌우할 수 있다는 전문가의 경고를 귀담을 필요가 있다. 또 4세대 전쟁 위협의 목적은 정치, 경제, 사회, 문화 등 모든 영역을 포함하고 있으므로 총력 안보태세가 무엇보다 중요하다.

05

군집 전투

- 원하는 지역으로 유인하여 격멸한다

전투의 3요소는 전투력, 시간, 공간이다. 전투의 3요소 간 상호 관계를 통해 피·아 전투력의 우열 정도와 시간 및 공간이 제공하는 조건이 피·아 작전에 미치는 영향을 판단함으로써 전투의 양상을 예측할 수 있다. 이들의 상호작용을 이해하여 전투 능력을 최대화하는 것은 전술 이론의 기초가 된다.

그런 측면에서 이순신은 공간에 대한 정확한 이해가 있었다. 대표적인 사례가 《난중일기》에 수록돼 있는데 기상, 지형에 대한 구체적인 분석과 함께 이를 기록으로 남겼다. 1597년 6월 4일, 이순신은 백의종군 중 전라도 구례에서 10일간 체류하는 동안 도체찰사 이원익과 만나 군사 문제를 의논하고 초계 개벽류를 지나면서 험준한 강가의 지형을 살펴본 다음 《난중일기》에 이렇게 적었다.

> 개연介硯으로 오는데, 기암절벽이 천 길이나 되며, 강물은 굽이 돌며 깊고, 길 또한 건너질러 놓은 다리가 위태로웠다. **만일 이 험한 곳을 눌러 지킨다면, 적이 만 명이라도 지나가기 어렵겠다.** 1597년 6월 4일, 《정유일기》

이순신은 이러한 공간에 대한 높은 이해를 바탕으로 지형지물을 적절히 이용해 전투를 치렀다. '당항포해전'에서는 포구를 이용했고, '견내량·안골포해전'에서는 협수로와 암초가 많은 곳을 피해 넓은 해역으로 적을 유인 격멸했으며, '명량해전'에서는 조류의 변화를 이용하여 시차 공격을 감행하여 대승을 이루었다.

《손자병법》에서는 아군이 유리한 지형을 먼저 차지하고 적을 유인한 후 유리한 상황에서 전투를 수행하는 것을 중시한다. 《손자병법》〈지형地形〉편에 보면 "험형에서는 아군이 먼저 그곳을 차지했으면 반드시 높고 양지바른 곳에 진을 구축하고 적군을 기다려야 한다險形者 我先居之 必居高陽以待敵."라는 말이 있다. "반대로 만약 적군이 먼저 그곳을 차지했다면 아군은 후퇴해야 하며 결코 그들을 쫓아가 싸우면 안 된다若敵先居之 引而去之 勿從也."라는 구절이 있고, 〈시계始計〉편에는 "강하면 피한다强而避之."라고 되어 있다.

이순신은 불리한 곳에는 들어가지 않고 물러나는 척하며 공격했다. 이는 《손자병법》〈시계〉편에 "적에게 이익을 줄 것처럼 하여 유인하고, 혼란스럽게 하여 공격한다利而誘之 亂而取之 實而備之."라는 내용과 상통한다.

> 새벽에 임금의 비밀 분부有旨가 왔는데, "여러 장수들과 죽음으로써 원수를 갚을 뜻을 맹세하고 나날을 보내지만 **적이 험고한 곳에 들어앉아 있으니 경솔히 칠 수도 없다.** 하물며 나를 알고 적을 알아야 백 번 싸워도 위태하지 않다고 하지 않았던가." 1594년 9월 3일, 《갑오일기》

"적이 험고한 곳에 웅거하여 있으니 경솔히 나아가 칠 수도 없다."라는 《손자병법》〈지형〉편에 따른 생각이다. 일본군의 전술과 심리를 꿰뚫고 있던 이순신은 이러한 '유인격멸'을 전투에서 실행해 냈다.

일본 수군은 조선 수군의 공격이 너무 맹렬하면 배를 버리고 뭍으로 달아나는 전술을 펼쳤으므로 이순신은 이를 간파하고 유인작전을 폈다. 아군에게 불리한 곳에는 들어가지 않고 수로의 조건과 지형을 활용하여 물러나는 척하며 유리한 장소로 적을 유인하여 격멸하는 전술이다. 절대 무리하게 공격하지 않으면서 치밀한 전략 전술에 따라 작전을 승리로 이끌어 냈다.

대표적인 전투가 1593년 2월 10일, '웅포해전'이다. 일본 수군은 육상기지를 근거로 해전을 피하면서 좀처럼 대응하지 않았으므로 이순신은 유인 공격하여 적병 2,500여 명을 사살하는 엄청난 전과를 거두었다.

> "삼혜와 의능 두 승병장과 의병장 성응지를 웅포 서쪽인 제포로 보내어 **상륙하는 체하게 하였다.** 또 전라우도 여러 장수의 배 가운데 튼튼하지 못한 것을 뽑아서 **동쪽에 보내어 상륙하는 체하게 하였다.** 그러자 왜적들이 감을 잡지 못하고 갈팡질팡하였다. 이 때 배를 모아 일시에 뚫고 들어가니 적의 세력이 흩어지고 힘이 약해져서 거의 섬멸하였다."
> 1593년 2월 22일, 《계사일기》

또 1592년 6월 14일, '당포, 당항포 전투' 등 2차 출전 상황을 설명하는 《장계》에서도 유인격멸 상황을 잘 묘사했다.

"짐짓 진형을 해체하고 물러나는 것처럼 보인다"

왜적의 위치는 높은 곳이며 우리 편은 낮은 곳으로 **지세가 불리한 곳이고 날도 저물어 가므로** 신은 여러 장수에게 약속하기를 "저 적들이 매우 교만한 태도이므로 **우리가 짐짓 물러나는 척하면** 저들은 반드시 배를 타고 우리와 서로 싸울 것이다. 그때 **우리는 적을 바다 한가운데로 끌어내어 힘을 합쳐 공격하는 것이 가장 좋은 방책이다.**"라고 단단히 약속했습니다. 그런데 신의 어리석은 생각으로 왜적들이 형세가 너무 몰리게 되면 배를 버리고 상륙하여 모조리 섬멸하지 못할 것을 염려하여 **"우리가 짐짓 포위한 진형을 해체하고 물러나는 것처럼 보인다면 왜적들이 반드시 그 틈을 타서 배를 옮길 것이니 그때 좌우에서 쫓아 공격하면 거의 섬멸할 수 있을 것이다."**라고 전령한 뒤에 물러나 한쪽을 터주자 층각선이 열어 준 길을 따라 나왔습니다. 그래서 조선 수군의 여러 전선은 4면으로 에워싸면서 재빠르게 협격挾擊하고 돌격장突擊將이 탄 거북선이 층각선 아래로 돌파하면서 총통을 치쏘아 층각선을 마구 부딪쳐 깨뜨리고, 여러 전선들도 화전火箭으로 그 비단 장막과 돛베를 쏘아 맞혔습니다. 1592년 6월 14일.《唐浦破倭兵狀》

'사천해전'과 '한산도대첩' 또한 유인작전에 의한 대첩이었다. 1592년 6월 3일, '사천해전'에서 일본군이 교만한 태도를 보이므로 이순신은 우리 군사가 짐짓 물러나는 척하며 그들을 큰 바다로 유인하여 바다에서 전투를 하려는 계획을 세우고 실행에 옮겼다. 아군에게 유리한 장소로 끌어내 오는 유인전술을 펼치기 위해서는 피해를 감수할 각오를 하고 고도의 심리전도 병행해야 한다. 이 유인작전으로 적선 13척을 모두 쳐부수었다.

"꾀어내어 쳐부수라"

여기는 바다가 좁고 수심이 얕아서 배를 돌리기에 어려우니, **짐짓 물러나는 척하여 적을 꾀어내어 넓은 바다로 나오면 싸우는 것이 낫다.**
1592년 5월 29일, 《임진일기》

일본은 육전에서 연전연승했지만, 해전에서는 줄곧 패했기 때문에 육전에 참전했던 일본군은 공격 명령이 떨어지자 1592년 7월 8일 견내량으로 진입한다. 이때 이순신이 대여섯 척으로 짐짓 후퇴하는 척하며 유인작전을 하자 조선 수군을 따라 진격해 오던 일본 적선은 기세가 등등해졌다. 적선이 넓은 바다에 이르자 이순신은 재빨리 독전기를 휘두르며 북을 치고 일제히 회전하여 학익진을 펴고 적진을 향해 함포를 발사했다. 이순신이 유인 전술을 사용하여 일본 수군을 궤멸시킨 그 유명한 '한산도대첩'이다.

8일 아침에 적선이 머물러 있는 곳으로 향했습니다. 바다 한복판에 이르러 바라보니 왜대선 1척과 중선 1척이 선봉에서 들락거리며 우리 수군을 보고 도로 진 치고 있는 곳으로 들어갔습니다. 뒤 좇아 들어가니 대선 36척, 중선 24척, 소선 13척이 대열을 벌려 머물고 있었습니다. **견내량은 지형이 매우 좁고 암초가 많아 판옥전선板屋戰船은 서로 부딪치게 될 것 같아 싸움하기가 곤란할 뿐만 아니라 왜적은 형세가 궁지로 몰리면 기슭을 타고 육지로 올라갈 것이므로 한산도 바다 한가운데로 끌어내어 모조리 잡아 버릴 계획을 세웠습니다.**
한산도는 거제와 고성 사이에 있는데 사방으로는 헤엄쳐 나갈 길이 없고 왜적이 비록 육지로 오르더라도 굶어 죽게 될 것이므로 판옥선 5~6척으로 하여금 선봉으로 나온 왜적선을 뒤좇아 엄격掩擊할 기세를 보였더니, 여러 배의 왜놈들이 돛을 달고 좇아 나왔습니다. **우리 배는 짐짓 물러나는 척하면서 돌아 나오자 왜적들도 줄곧 뒤쫓아 나왔습니다.** 그 래서 바다 가운데로 나와서는 다시금 여러 장수들에게 명령하여 **학익진 鶴翼陳을 벌려서 한꺼번에 진격하여 각각 지자·현자·승자 등의 총통을 쏘아서 먼저 2~3척을 깨뜨리자 왜놈들이 사기가 꺾여 물러나 달아나 려 하였습니다.** 그때 여러 장수와 군사와 관리들이 앞다투어 돌진하면 서 대전大箭과 철환鐵丸을 마구 쏘니 그 형세가 바람과 우레 같아 왜 적 선을 불태우고 왜놈을 죽이기를 한꺼번에 거의 다 해치워 버렸습니다.[32]

'유인작전'은 적을 유인하여 가장 유리한 위치에서 공격하되 적을 중앙에 두고 집중공격을 할 수 있는 진형을 형성하며, 모든 화력을 한꺼번에 집중하였다. 이순신은 일본군의 심리를 꿰뚫어 보고 있었 고, 바다의 환경을 잘 알고 있었기에 적선을 넓은 바다로 유인하여 거북선과 함포로 공격하여 넓은 바다에서 일본 수군의 대선을 쳐부 술 수 있었다.

이순신은 명량, 옥포, 한산도, 당항포, 부산포, 웅포, 제2당항포, 노량 등 8대 해전에서 수로 조건이나 지형지물을 선점하거나 시·공 간적으로 유리한 환경을 조성하여 국부적 우세에 의한 각개격파로 승리를 이루었다.

《임진장초》내용을 상위 100개의 TF-IDF값을 중심으로 워드 클라우드로 분석한 결과를 도식화하면 아래와 같다. '웅천(1위, 72.7598), 거제(2위, 67.5628), 우도(3위, 58.3066), 순천(4위, 54.9663), 부산(5위, 53.8320), 광양(6위, 50.1883), 경상도(7위, 48.8843), 고성(8위, 46.5179), 전라도(9위, 46.0520), 웅포(10위, 43.8636)' 등 이순신의 주요 전투 장소에 대한 기록을 통해 유인을 통해 유리한 지역에서 전투를 수행하고자 한 이순신의 고뇌가 잘 나타난다.

《임진장초》 주요 지역 워드 클라우드 웅천, 거제, 우도, 순천, 부산, 광양, 경상도, 고성, 전라도 등이 우선순위에 나타난다.

♣ 군사전략의 요체

군사전략은 전쟁 수행 방식에 따라 섬멸Annihilation 전략, 소모
Attrition전략, 마모Exhaustion전략으로 구분할 수 있다. 소모전략은
적의 전투력 자체를 물리적으로 소모하게 하는 전략이다. 마모전략
은 물리적, 심리적 특성을 결합하여 적을 탈진시키는 전략이다. 섬
멸전략은 심리적 특성을 강조하면서 적의 군사력의 섬멸을 추구하
는 전략이다. 마모전략은 심리적 및 비물리적 방식을 통해 정치적
리더십 혹은 계급 간 충성도를 약화하여 정치적 승리를 추구하는 군
사전략이다.[33]

전략에는 정답이 없다. 물처럼 유연하게 대응해야 한다. 유연한
사고를 바탕으로 남과 다른 방법으로 해야 전쟁의 승리도, 전략적
사고도 높일 수 있다.

전략을 모르고 승자가 되는 것은 표류하던 배가 우연히 항구에 안
착하는 것만큼이나 드문 일이다. 개인이든 국가든 이 시대에 살아남
기 위해서는 전략에 대한 치열한 고민이 있어야 한다.

06

인지전

- 대중의 사고와 행동 방식을 바꾼다

- 대중의 불안정을 높이고 대중에게 영향력을 행사한다

인지는 '인간의 뇌가 세상의 정보를 가지고 하는 일'이다. 그러나 인간의 두뇌는 제한된 용량과 주의력을 갖고 있다. 그런 이유로 우리는 휴대폰을 하면서 운전에 집중할 수는 없는 일이며, 상대의 말에 호기심이 없다면 잘 듣지 못한다. 이것이 인지전의 대표적인 공략 분야이다.

또한, 인지는 특정 인지 과정에 우선순위를 부여하거나 억제하는 경향을 보인다. 일반적으로 전체 또는 맥락 대 개별 요인에 초점을 맞추지만, 세부 사항에 초점을 맞추기도 한다. 자신의 인식을 생산적이거나 분석적인 것에 맞추려는 경향이 더 큰 사람도 있다. 단어보다 수치를, 수치보다 단어를, 논리적인 관계보다 기하학적 관계를, 새로운 것보다 연속적이고 규칙적인 것을 더 선호하기도 한다.

과거 군사 지도자는 "모든 전쟁은 속임수Deception에 기초한다."라는 개념을 사용하며 인지전을 강조했다. 실례로 손자는 "우리가 가까이 있을 때, 우리는 적에게 우리가 멀리 있다고 믿게 해야 한다."라고 주장하기도 했다.

즉, 인지전은 '인간을 표적으로 인지능력을 변화시키기 위해 과학 기술을 사용하는 術術, Art of using Technology'이다.[34]

1943년 미국 심리전단의 작전팀과 교리에서 시작되어 2017년부터 미국에서 '적 또는 시민의 인식 메커니즘을 약화, 침투, 영향 또는 예속 및 파괴하기 위해 조작하려는 국가 또는 영향력 있는 집단이 이용할 수 있는 행동 양식'을 설명하기 위한 의미로 사용되었다. 과학기술 발전과 새로운 의사소통 도구의 등장으로 인해 인간적 요소, 심리전의 조작 측면과 결합하고 있다.

인지전은 개인, 집단 또는 대중의 우월성 또는 열등성을 정복할 목적으로 인간의 추리를 수정이나 변경하기 위해 전문가가 사용하는 방법의 하나이다. 일반적으로 개인이 가진 인식을 수정하여 잘못된 결정을 내리게 만들거나 필요한 결정을 내리는 것을 방해한다.

인지전은 현대전에서 독립된 전쟁 수행 영역으로 간주하고[35] 이론화되었으며, 다양한 주체에 의해 수행하고 있다. 인식은 새로운 전쟁터이고 사람의 마음은 새로운 전쟁터의 무기이다. 베트남전 이후 여러 전쟁을 보면 군사적 성공에도 불구하고 상대국의 현지 주민과 자국민의 지지와 성원을 얻지 못해 패배한 경우가 많다. 그 때문에 우리는 상대국의 반응을 예측하기 위해 상대국 주요 세력의 뇌를 읽을 수Read the brain 있어야 한다. 때로는 이를 통해 상대국에 영향을 미치고 상대국이 우리의 의도대로 행동하도록 상대국 세력들의 두뇌에 침투Penetrate the brain할 수도 있다.

이러한 인지전의 목표는 '대중의 불안정화와 영향력 행사'에 있다. 적 내부에서 스스로 자신을 파괴하도록 유도하거나 대중들의 사고와 행동 방식을 바꾸는 데 초점을 맞춘 전략이다.

정보 과학 기술을 기반으로 한 인지전은 세계가 디지털로 연결되고 상호연결성Interconnections이 증대됨에 따라 더욱 활발해 지고 있다. 인지전의 대상은 개인의 지능Individual Intelligence이다. 지도자나 특정 계층, 특정 지역 또는 대중의 생각을 바꾸거나 오도하기 위해 정의되고 구조화되며 조직된다.

심리적·관계적·동기적 차원에서 영향력을 높이거나 심지어 의사결정 단계에 영향을 미쳐 행동에 옮기는 것을 방해하고 부적절한 결정을 유도할 수 있다. 인지전은 팀워크와 협업을 목표로 할 수 있다. 국제 관계에서 동맹의 파트너십이 인지전의 대상이 될 수 있다.

이러한 인지전의 특징을 조일전쟁에서 찾아보면 크게 3가지로 구분할 수 있다. 첫째, 적 내부에서 스스로 자신을 파괴하도록 유도하는 것이다. '일본의 반간계로 조선 선조가 수군을 폐지하려고 했던 사례', '일본의 간계로 이순신이 파직된 사례' 등을 들 수 있다.

둘째, 대중의 사고와 행동 방식을 바꾼 사례이다. '두려움을 감추기 위해 일본군이 가면을 활용한 사례', '이순신이 허위 정보로 적진을 흔들어 공포심을 유발한 사례', '대규모 적전敵前 함대 시위로 적의 선투 의지를 꺾은 이순신 사례' 등이다.

셋째, 대중에게 영향력을 행사하는 것이다. '이순신이 백성의 안전과 식량 대책을 세워 안심시키고 지지와 성원을 얻은 사례', '군사들에게 두려움을 극복한 사례', '일본군의 수륙병진전략을 포기하게 하고 조선 수군과 싸움을 피하도록 한 사례' 등이다.

수군을 폐지하려던 선조, 조선에는 이순신이 있었다

1597년 7월 16일, 원균이 칠천량 해전에서 패배해 조선 수군은 큰 위기에 처한다. 이순신과 생사를 함께했던 무적의 수군 장졸 2만 명과 피와 땀으로 건조한 150여 척의 판옥선과 거북선이 흔적도 없이 사라졌다. 7월 23일, 당황한 선조는 이순신을 다시 삼도수군통제사로 임용한다. 백의종군 중인 8월 3일, 이순신은 진주의 '손경례 집'에서 교서를 받는다.

수군으로 일본군의 상륙을 저지하는 것이 불가능하다고 판단한 조정은 수군을 해체해 육군과 합쳐 북상을 저지하는 새로운 작전을 구상했다. 그러나 자신의 선택에 확신이 있었던 이순신은 수군 해체에 반대했다. 수군을 해체하면 해상보급로가 뚫려 전 국토를 유린당할 가능성이 있었기 때문이다.

"신에게는 아직도 전선 12척이 남아 있나이다. 죽을힘을 다해 막아 싸운다면 능히 대적할 수 있사옵니다. 비록 전선의 수는 적지만 신이 죽지 않은 한 적은 감히 우리를 업신여기지 못할 것입니다."라는 결의에 찬 '수군 폐지 불가' 《장계》를 올린다.

바다를 버릴 수 없었던 이순신은 초토화된 남해안을 돌아다니며 꺼진 재에서 불씨를 살리듯 전선 12척과 수군 120명을 모아 흩어진 군대를 다시 하나로 만들어 간다. 9월 15일, 그날 밤의 《난중일기》는 이미 필사적이다.

> 여러 장수들을 불러 모아 약속하되 "병법에 이르기를 **'반드시 죽고자 하면 살고, 살려고 하면 죽는다'**고 하였고, 또 **'한 사람이 길목을 지키면 천 명도 두렵게 할 수 있다'**고 했는데, 이는 오늘 우리를 두고 이른 말이다. 너희 여러 장수들이 **조금이라도 명령을 어기는 일이 있다면, 즉시 군율을 적용하여 조금도 용서하지 않을 것이다.**"라고 하고 재삼 엄중히 약속했다. 1597년 9월 15일, 《정유일기》

이순신은 남아 있던 12척의 전선과 수군을 이끌고 서해로 가는 길목, 명량해협으로 적의 배를 끌어들이기로 한다. 이순신은 일본 수군 133척을 맞아 단 13척의 전선으로 적선 31척을 대파하는 기적과 같은 승리를 만들었다. 선조는 조선의 최후의 보루였던 수군을 폐지하려 했으나 조선에는 이순신이 있었다. 그는 기어이 조선 수군을 다시 일으켜 세웠고 조선을 살려 냈다.

요시라의 간계에 빠진 선조, 이순신을 파직하다

1596년 겨울, 거제에 있던 고니시 유키나가小西行長는 이순신의 위엄과 명성을 두려워해 그의 부하 요시라를 통해 반간계적이 음모를 꾸며 아군을 이간시키는 계책를 실행한다. 1597년 1월, 일본군의 첩자였던 요시라가 경상우병사 김응서에게 고니시 유키나가의 뜻을 전달했다. "가토 기요마사加籐淸正가 7천 명의 군사를 거느리고 4일 대마도에 도착했는데 곧 바다를 건너 다시 조선에 쳐들어올 것이니 길목을 지켜서 잡으라."라는 내용이었다.

김응서의 보고를 받은 선조는 이순신에게 "부산 앞바다로 출전하여 가토를 잡으라."고 지시했다. 그러나 이것이 일본의 반간계임을 간파한 이순신은 조정에 《장계》를 올리고 출전 명령을 시행하지 않았다.

이순신은 적이 침입해 올 시각과 장소가 분명하지 않다는 점과 광활한 바다에서 막연한 첩보에 의존하여 험난한 파도를 이겨 내며 경계를 빈틈없이 해내는 것 자체가 불가능하다고 판단했다. 또 그 계책이 소서행장에게서 비롯되었던 것인 만큼 신중한 대처가 필요했고 조정의 출동 명령이 하달된 때에는 이미 가등청정의 함대가 장문포長門浦에 도달해 있었다.[36]

선조가 황신黃愼을 보내어 비밀히 이순신에게 나아가 칠 것을 권유하자, 이순신은 **"왜놈들의 마음씨가 협잡이 많고 또 바닷길이 험하니 적**

이 반드시 복병^{伏兵}하고 기다릴 것이다. 적의 꾀에 빠지기 쉽다."고 하
고서는 마침내 나가지 않자 조정의 여론은 시끄러워지며, 이순신을 꾸
짖었다.[37]

이순신의 출전 불가 사유는 1597년 2월 1일 《선조수정실록》에
상세히 기록되어 있다. 첫째, 적의 간계일 것이고, 둘째 해상에서 적
에게 기습당할 우려가 있으며, 셋째, 대군을 동원하면 복병할 수 없
고, 소군을 동원하여 복병을 많이 두면 만일의 경우 위험할 것이라
는 데 있다.

이순신은 **"바닷길이 험난하고 왜적이 필시 복병**을 설치하고 기다릴 것
이다. **전함을 많이 출동하면 적이 알게 될 것**이고, **적게 출동하면 도리
어 습격을 받을 것**이다."하고 마침내 거행하지 않았다. 1597년 2월 1
일,《선조수정실록》

선조는 1597년 2월 6일 이순신 체포 명령을 내렸다. 이순신은 2
월 26일 압송되어 3월 4일 구금된 이후 심문과 고문을 당하는 등 모
진 고난을 받았으나 천신만고 끝에 사형을 면하고 4월 1일 방면되어
백의종군하게 된다.

이순신이 선조의 출전 명령을 이행하지 못한 과정과 관련하여 선
조가 적의 침공 사실을 인지한 시점, 적의 침공 첩보와 출전 명령이
이순신에게 전달된 시점, 명령 전달자, 적 첩보의 내용 및 출전 명령
접수 후 이순신의 조치 등에 대해서는 기반하는 자료에 따라 다르게
기술하고 있다. 그러나 1597년 1월 1일,《선조수정실록》기록에는
이순신이 "일사의 결전을 하겠다."라는 출전의 강한 의지를 담은 출
전 건의 내용이 실려 있다는 점도 간과해서는 안 된다.

통제사 이순신이 치계하기를 "중국의 사신이 이미 통신하며 왕래했는데도 흉적이 그대로 변경에 있으면서 아직도 틈을 노리어 침략할 계책을 품고 있으니 참으로 분개스럽습니다. **신이 수군을 뽑아 거느리고 부산 근처로 진주하여 적이 오는 길을 차단하고 일사의 결전을 하여 하늘에 사무친 치욕을 씻고자 합니다.** 만일 지휘할 일이 있거든 급히 회유를 내려주소서." 1597년 1월 1일,《선조수정실록》

이순신의 예측대로 이 모든 것은 일본의 계략이었고 선조와 신료들의 오판이 불러온 결과였다. 이순신의 《장계》가 올라온 지 이틀 후인 1월 13일, 도체찰사 이원익이 올린 《장계》에 따르면 "가토는 이미 200여 척을 끌고 다대포에 도착했다."라고 보고했다. 경상좌도 방어사 권응수도 "가토가 13일 다대포에 정박하고 있다."라는 일치된 보고를 하고 있다. 이순신의 출전 거부는 적의 심리와 전장의 상황을 정확하게 간파한 지휘관으로서 당연한 판단이었다. 인지전은 적 내부에서 <u>스스</u>로 자신을 파괴하도록 유도한다.

일본군, 가면으로 두려움을 숨기고 조선군에게 공포심을 만들다

상대국 장병들에게 두려움을 주는 방법으로 인지전을 수행하는 사례는 일본군의 '가면'에서 찾을 수 있다. 1592년 5월 10일,《옥포파왜병장玉浦破倭兵狀》에는 조선 수군이 노획한 물건 중 일본군의 얼굴 가면과 투구 등이 기록되어 있다.

무릇 왜인은 붉고 검은 쇠갑옷을 입었고, **여러 가지 쇠투구를 쓰고 있었으며, 입언저리에는 말갈기가 종횡으로 뻗쳐 있어서 마치 탈바가지 같았으며** (중략) 기이하고 이상한 모양으로 아주 사치스럽고 호화스러웠

습니다. 귀신 같기도 하고 짐승 같기도 했습니다. 이를 본 사람들은 귀
신에 놀란 것처럼 되지 않는 사람이 없습니다.[38]

가면을 착용하면 지친 모습이나 망설이는 모습과 같은 나약한 모
습을 적에게 보여 주지 않게 되기 때문에 적에게 전투 의지를 꺾고
두려움을 심어 주는 효과를 얻을 수 있다.

일본군은 기괴하거나 무서운 형상의 가면을 쓰고 자신의 두려움
을 가리고 조선군에게는 위압감과 공포심을 주기 위해 가면을 사용
했을 것이다. 현대에도 얼굴 부위를 보호하기 위해 방탄 가면을 활
용하기도 한다.

이순신, 허위 정보로 적진을 흔들어 공포심을 심다

이순신의 전술 중에는 적군을 혼란에 빠뜨리고 공포심을 주기 위
해 허위 정보를 유포하는 것이 있다. '2차 당포·당항포 해전' 승첩
후 이순신은 의도적으로 조선 수군의 위세를 알리는 허위 정보를 입
소문을 통해 내도록 했다.

《승첩 장계》를 보면 패배한 일본군을 의도적으로 추격하지 않고
도망가게 해 "우리 수군의 위세를 자세하게 말하게 했을 것備說이므
로, 이후부터는 뒷일을 염려하고 꺼리는 생각이 있을 것"이라고 하
면서 그들이 조선 수군의 위세를 소문내도록 했다.

또 《이순신행록》에는 "이순신이 허위 정보를 유포하도록 적군에
게 자신의 가짜 장계가 들어가도록 했다."라는 이야기가 기록되어
있다. 1592년 6월 14일, 《이순신 행록》에 등장하는 거짓 장계 내용
은 아래와 같다.[39]

본영에 있으면서 장계 2통을 썼다. 장계에서 아뢰기를, **"신은 이제 전선 수만 척을 이끌고 비장군飛將軍 모某를 선봉으로 삼아 곧바로 일본을 치기 위해 모월 모일某月某日에 출발하려 하나이다."**라고 하였다. 군관을 보내어 장계 1통을 서울 가는 길에 던져 놓도록 하였다. 적으로 하여금 주워서 보게 하기 위해서였다.

옥포·합포·적진포·사천·당포·당항포·율포 등 7번의 해전에서 연승한 이순신은 일본 본토를 공격하겠다고 위협한다. 이후 이순신은 전쟁 상황을 예의 주시하면서 재출전 준비를 철저히 하고 있었다.

이순신, 대규모 적전敵前 함대 시위로 적의 전투 의지를 꺾다

1597년 2월 10일, 이순신은 63척의 함선으로 가덕도에서 부산 몰운대까지 기상천외한 함대 무력시위를 감행한다. 왜 이순신은 부산 공격을 앞두고 대규모 함대 시위를 감행한 것일까? 여기에는 치밀하게 계산된 이순신의 전략이 있었다.

장거리를 이동한 조선 수군은 우선 일본군의 대규모 공격을 차단하는 것이 급선무였다. 어떻게 하면 적이 함부로 대회전을 걸어오지 못하게 할 것인가? 또 적의 기세를 완전히 꺾어 놓을 방법은 무엇인가? 이러한 고민 끝에 나온 전략이 바로 함대 시위였다.

부산 공격에 앞서 미리 적의 기세를 눌러놓기 위한 계산된 행동이었다. 적에게 끌려다니는 것이 아니라 적을 끌어들이기 위한 이른바 기세氣勢 전쟁이다. 당시 해안선 육지 도처에는 일본군이 진지를 구축하고 방어선을 치고 있었다. 일본군이 보는 앞까지 조선 수군 연합함대가 거북선을 앞세워 이순신, 이억기, 원균의 기함을 중심으로 전진했다.

이러한 세력 과시는 결과적으로 큰 효과를 가져왔다. '한산도 대첩'과 이순신의 '함대 시위' 이후, 도요토미 히데요시는 해전 금지령을 내린다. 즉 조선 수군을 만나면 전투를 하지 말고 피하라는 명령을 내렸다.

백성의 안전과 식량 대책을 세워 지지와 성원을 얻다

이순신은 피난민에게 쌀과 포목 등 식량을 배급하였고 적당한 곳을 물색해 정착하도록 했다. 또 적선을 불태울 때 포로로 잡힌 조선 백성의 안위를 걱정하여 함부로 죽이지 말라고 단단히 지시하고 약속한 모습이 이순신의《장계》에 나타난다.

> 남해의 동쪽으로 웅천 등 7~8개 고을에서는 동네 어른과 선비와 부인들이 모두 피난민이 되어 산골에 잠복해 있다가 우리가 왜 적선을 추격하는 것을 보고 다시 살길을 얻은 양하여 (중략) **그 모습이 몹시 비참하고 불쌍하여 왜 적선에서 뺏은 쌀과 포목 등의 물건을 골고루 나누어 주고 편히 있도록 하였습니다.** 그 가운데 귀화인歸化人과 보자기漁夫들은 (중략) 본영에서 가까운 장생포長生浦 등에서 넉넉하고 여유 있게 **인가가 많은 곳에 나누어 편안히 지내게 하였습니다. 왜 적선에 사로잡힌 우리나라 사람을 찾아내어 돌려보내는 것은 왜적을 목 베는 것과 다름없으므로 '왜적선을 불태울 때 각별히 찾아내어 함부로 죽이지 말라'고 단단히 지시하고 약속하였습니다.** 1592년 6월 14일,《唐浦破倭兵狀》

또 1593년 영남의 피난민이 200여 호에 이르자 이순신은 이들에게 임시로 살 수 있는 방편을 마련해 주고 피난민에게《돌산도에서 농사짓도록 명령해 주기를 청하는 장계》를 조정에 올린다. 이처럼 이순신은 백성의 안전과 식량 대책을 세우는 데 철저했고 백성들은 이러한 이순신에게 큰 지지와 성원을 보냈다.

이순신, 휘하 장졸의 마음을 움직여 두려움을 떨쳐 내다

타인에게 영향력을 행사하는 것도 인지전의 한 유형이다. 신념에 가득 찬 지휘관의 말 한마디는 부하가 싸워 이겨야 할 목표와 의지를 만들어 주고, 결국 전쟁의 승리를 가져온다. 이순신은 휘하 장졸의 마음을 움직여 두려움을 떨쳐내게 했다. 《장계》를 보면 전장 공포 상황에서 이순신이 대처하는 모습이 나온다.[40]

> 이날 저물녘에는 **사량도 앞바다로 돌아가서 진을 쳤는데, 군중이 밤중에 놀라서 요란하여 마지않았으나, 공은 가만히 누워서 일어나지 않다가 한참 뒤에 사람을 시켜 방울을 흔들게 하니, 온 군중이 그제야 진정되었다.** 1592년 6월 2일, 《唐浦破倭兵狀》

여기서 "군중에서 소란이 일어났다."라는 얘기가 있다. 일종의 전쟁공포증戰爭恐怖症, Warphobia이다. 전장의 공포는 몸 숨김, 명령 불복종, 기절, 전장 이탈, 자살 등과 같이 전장의 군기를 무너뜨리고 전투력을 약화하는 부정적인 효과를 가져온다.

따라서 지휘관은 자신이 느끼는 전장 공포를 극복할 수 있는 역량을 갖춤과 동시에 부하들의 전장 공포를 효과적으로 관리할 수 있는 역량을 갖추어야 한다. 뛰어난 지휘관 이순신은 방울을 울려 병사들의 공포심과 두려움을 진정시켰다.

조일전쟁이 발발한 이후 조선 수군의 첫 번째 전투는 1592년 5월 7일 '옥포해전'이었다. 이미 경상 좌·우도 수군과 육군의 계속된 패전 소식으로 전투를 앞둔 군사들은 겁에 질려 있었다. 그러나 이때 이순신은 "가볍게 움직이지 마라. 태산처럼 무겁게 행동하라勿令妄動 靜重如山."라며 부하들의 심리적 동요를 막고 공포를 이겨 내게 했다. 그 결과 적선 30척 중 26척을 격파했다.

필사즉생 필생즉사必死則生 必生則死. 이 말은 1597년 9월 16일, '명량대첩' 전날 밤 이순신이 한 말이다. 원균이 이끈 조선 수군은 칠천량에서 대패하여 해상권을 상실하였고, 조선 수군의 전력은 패잔병을 주축으로 한 전선 13척이 전부였다.

이때 일본 수군 200여 척은 이미 어란포까지 접근해 있었다. 결전을 피할 수 없음을 간파한 이순신은 벽파진을 떠나 우수영 앞바다에서 일전을 치르고자 했다. 싸우기도 전에 공포와 두려움에 떨고 있던 장졸들에게 적과 싸워 이길 수 있다는 신념을 불어넣었던 이순신의 독전고전투를 독려하는 북가 바로 '필사즉생 필생즉사'였다.

> 병법에 이르기를 '반드시 죽고자 하면 살 것이고, 살고자 하면 죽을 것이다'라고 했다. 걱정하지 마라. 우리에겐 울돌목이라는 천험의 물목이 있다. 또 이르기를 '한 사람이 길목을 지키면 천 명도 두렵게 할 수 있다'라고 했다. 여러 장수들은 살고자 하는 생각을 품지 말라. 만약 조금이라도 명령을 어기는 자가 있다면 즉시 군법으로 다스릴 것이다.
> 1597년 9월 15일, 《정유일기》

이순신은 전장의 선두에서 지휘하고 장졸을 들쳐 세워 가며 적선을 격퇴했다. 결과는 13척으로 적선 133척을 깨부순 세계 해전사에 찾아볼 수 없는 빛나는 대승이었다. 그리고 이 전투는 패전이 짙던 조일전쟁의 양상을 바꾼 결정적 전투가 되었다.

1598년 12월 16일 밤, 조일전쟁의 마지막 전투이자 이순신의 마지막인 '노량해전'이 시작되었다. 조·명 연합 함대는 일제히 공격하며 일본 수군을 퇴로가 막힌 관음포로 유인하여 포위 공격을 벌였다. 적들은 필사적으로 저항했고 이 과정에서 적의 총탄에 맞은 이순신은 쓰러져 가면서도 "싸움이 급하다. 단 한 명의 조선 수군도 동요해서는 안 되니, 내가 죽었다는 말을 하지 말라."[41]라는 마지막 말을 남기고 전사했다. 연합 함대 146척은 일본 함대 570여 척 중 350여 척을 침몰시킴으로써 7년간의 길고 긴 전쟁을 승리로 이끌 수 있었다.

모든 전장에서 그러했고 마지막 전사하는 순간까지도 이순신은 태산 같은 진중함으로 휘하 장졸의 마음을 움직여 두려움을 떨쳐 내게 하고 조선의 바다에 별이 되었다. 역사가 말해주듯 강철 같은 의기를 가진 지휘관은 필사즉생의 각오로 뭉친 전투력 강한 전사들과 함께 전장에 나아갈 수 있다.

조선 수군과 싸우지 마라

1592년 7월 8일, 이순신 함대는 한산도 앞바다에서 그 유명한 학익진을 선보이며 완벽하게 승리했다. 이후 도요토미 히데요시는 왜군에게 "조선 수군과 싸우지 마라."라는 지시를 내렸다. 일본 수군은 남해 바다에서 이순신의 기旗만 봐도 전투를 포기하고 도망치기 바빴다. 이순신의 영향력이 조선 수군 진중을 넘어 일본군의 중심, 도요토미 히데요시에게 적중하는 순간이다.

언제부터 '한 번 해병은 영원한 해병'이었을까?

《경국대전》의 〈병전兵典〉에 보면 "수군은 그 소임을 자손의 대대로 전하며 다른 역에는 차출하지 않는다."라고 했다. 한번 수군이면 대대손손 영원한 수군이었다. 수군은 일반 역役보다 더 노동강도가 혹독했다. 배를 만들거나 배를 움직이는 것뿐만 아니라 해안의 성을 쌓는 등의 노역이 더 많았다. 이처럼 육군 중심의 병역제도에서 해군의 소임을 천역으로 여겼음을 이순신의《장계》에서 알 수 있다.

> **수군은 병역이 대대로 전해 오는 것이므로** 사람들이 **천역**賤役**으로 여깁니다.** 한번 병역을 짊어지면 **자손들에게 대대로 전해져서** 그 괴로움을 면하지 못할 것이니 진중에서 탄식하는 소리를 차마 들을 수 없습니다.
> 1594년 1월,《請量處水陸換防事狀》

이순신은 말했다. "바다와 육지에서 적과 대치해 있는 이때 수군과 육군을 바꾸어 방비시키는 일을 쉽사리 처리할 것이 못 됩니다." 육군의 중요성과 함께 수군의 임무와 역할에 대한 중요성을 강조하고 있다.

과학 기술의 발전은 전쟁이 수행되는 모든 영역에서 합동성의 중요성을 증대시키고 있다. 특히 미래 작전 환경의 변화는 합동성의 중요성을 더욱 요구하고 있다. 따라서 육·해·공군의 능력을 통합하는 합동성을 넘어 전 영역의 노력과 능력을 통합해 시너지를 향상하는 새로운 관점의 합동성 강화 노력이 요구된다.

운주당 통영 삼도수군통제영에 있는 충무공 이순신의 집무실이다. 운주는 군막 속에서 전략을 세운다는 의미다.

제 3 부

밀레니얼 시대 :
다시 보는 이순신 리더십

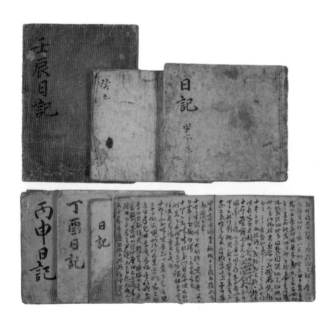

《난중일기亂中日記》충무공이 1591년 1월 1일부터 1598년 11월 17일까지 남긴 조일전쟁 7년간의 기록이다. 현재는 모두 7권이 남아 있다. 국보 76호로 2013년 유네스코 세계기록유산으로 등재되었다. (국가유산청 현충사 관리소 옥포대첩기념관, 삼도수군통제영 소장)

01

전략은 비전을 이루는 술術이다

전략은 비전을 이루는 방법이자 과정이다. 클라우제비츠는 전략은 "전쟁이나 전역의 목표를 달성하기 위한 전투 운용에 관한 술"이라고 하였고, 영국의 군사전략가 리델 하트는 "정책의 목적을 달성하기 위하여 군사적 제 수단을 배분하고 적용하는 술"이라고 정의했다. 전략은 전쟁의 관리라는 측면도 있다. 전략은 다양한 성격의 전쟁에서 승리하기 위해 인적·물적 자원으로서 공격과 방어를 관리하는 것이기 때문이다.

특히 전략은 특정 분야나 하나의 사고에 국한하지 않고 다양한 요소를 동시에 고려한다. 예를 들어 군사전략은 육군, 해군, 공군, 해병대의 군사적 수단을 고려하고 정치, 경제, 사회, 문화, 외교, 통일 등 다양한 비군사적 요소까지 고려한다.

또 전략은 장기적이고 미래 지향적이다. 최소 5년부터 15년까지의 미래를 내다보고 판단하고 계획한다. 따라서 전략에는 장기적 안목이 필요하고 통찰력이 수반되어야 한다. 전략은 목표를 제시하고 조직의 발전 방향이나 비전을 제시하는 역할을 하기 때문이다.

그뿐만 아니라 전략은 논리적이면서도 창조적 사고 과정이다. 다양한 고려 요소를 조직적이고 체계적인 순서와 방법에 의해 분석하고 검토해야 한다. 따라서 논리적인 접근 방식과 창조적인 사고 과정이 필요하다. 조직의 진정한 변화를 위해서는 효과적인 전략을 채

제3부 다시 보는 이순신 리더십

택해야 한다. 전략은 전쟁 외에도 일상생활에서도 중요한 요소이다. 인생전략, 경영전략 등 전략 아닌 것이 없다. 현대를 살아가야 하는 우리는 전략적 사고를 가져야 한다. 전략적 사고는 전략을 염두에 둔 폭넓은 사고이다.

전술은 변화무쌍해야 한다, 이순신의 심모원려深謀遠慮[10]

전술戰術은 가용 전투력을 사용하여 전투에서 승리하는 방법이다. 전장에서 군사작전계획은 '기동과 전투'로 이루어진다. '기동과 전투'를 위한 군사이론이 바로 '전술'이다.

전장에서 전투 지휘의 기본 원칙과 원리는 변하지 않으나, 상황과 여건에 따른 피아간의 상대성과 한계성에 의해 그 적용의 우선순위나 비중은 상대적으로 달라질 수 있는 용병술 영역이다. 전투에서 전술과 전투 지휘를 효율적으로 수행하기 위해서는 무기 효과를 최대로 발휘할 수 있는 전투 대형을 갖추어야 한다. 통상적으로 가장 합리적인 전투 수행 체계는 ① 지휘 통제 체계 마비, 교란전 → ② 화력전 → ③ 기동전의 형태이다. 순서에 따라 단계적으로 실시하거나 ①, ②단계 후 ③단계 혹은 ①, ②, ③단계를 동시에 실시할 수 있으나 역으로 ③단계를 먼저 실시하는 형태로 이루어져서는 안 된다.

23전 전승 신화와 전쟁의 양상을 바꾼 장쾌한 이순신의 쾌거는 이 나라 조선을 지키기 위한 이순신의 뛰어난 통찰력과 심모원려에서 나온 전략적 포석의 일환이었다.

---

10) 깊이 꾀하고 멀리 생각한다는 뜻으로 어떠한 문제에 대해 일시적인 해결보다는 장기적인 목표를 위한 계획을 세운다는 것을 말한다.

이순신의 역사의식과 국가관, 그리고 대적관

리더에게 꼭 필요한 것이 역사의식이다. '인류의 보편적 가치에 대한 인식과 실천 의지'가 있어야 한다. 또 '적의 전쟁 의지를 무력화하는 것'이 전쟁의 목적이라면, 전쟁의 목적 달성을 위해서는 대적관이 확고해야 한다. 전략의 밑바탕에는 적개심敵愾心이나 대적관對敵觀이 있다.

그렇다면 충무공 이순신이 갖고 있던 역사의식과 적에 대한 대적관은 어떠했을까? 1594년 3월 10일, 명나라의 선유도사宣諭都事 담종인譚宗仁이 왜군의 꾐에 빠져 보낸 《왜적을 치지 말라는 패문禁討牌文에 답하는 글》에서 알 수 있다. 이순신은 "무고한 백성을 죽이고 조선을 침탈한 왜적과는 같은 하늘 아래에서 살지 않겠다."라며 대적관을 분명하게 내비쳤다.

> 왜놈들이 스스로 트집을 잡아 **군사들을 이끌고 바다를 건너와서 우리의 무고한 백성을 죽였습니다.** 또 **경도**京都, 한양**로 침범**하여 흉악한 짓거리를 마구 자행하므로 한 나라의 백성과 신하들의 통분함이 뼛속에 사무쳐 **이 왜적들과는 같은 하늘 아래에서 살지 않기로 맹세하였습니다.**
>
> 1594년 3월 10일, 《答譚都司禁討牌文》

또 자신의 글이 '얼마나 의미가 크고 중요한 것인가'를 알 수 있는 내용이 1594년 3월 7일, 《난중일기》에 짧게 적혀 있다.

> 몸이 극도로 불편하여 뒤척이는 것조차 어려웠다. 그래서 **아랫사람에게 시켜 패문에 대한 답서를 작성하게 했는데 글 모양을 이루지 못했다.** 또 경상우수사 원균이 **손의갑**孫義甲**을 시켜 작성했음에도 그것마저 못마**

땅했다. 나는 병을 무릅쓰고 억지로 일어나 앉아 글을 짓고, 정사립鄭思
立**을 시켜 써서 보내게 했다.** 오후 2시쯤에 출항하여 밤 10시쯤 한산도
진중에 이르렀다. 1594년 3월 7일,《갑오일기》

무고한 우리 백성을 죽인 왜적은 우리의 적이고 그들과는 같은 하
늘 아래서 살지 않겠다는 굳은 결의와 확고한 대적의식이 담겨 있
다. 1598년 11월 17일 밤 자정12시에 갑판 위로 올라가 손을 씻고
하늘을 보며 자신의 염원을 빌었다.[42] "천지신명이시여! 이 원수를
무찌른다면 지금 죽어도 유한이 없겠습니다."

또 대적 행위의 방식도 단순히 적의 수급을 베어 공적을 남기고
개인의 영달을 꾀하는 것이 아니라 언제나 일본군을 전멸시키고자
했다. 나라를 위하여, 종국적으로 전쟁에서 승리하기 위하여 적의
수급보다 적의 전투력을 말살하는 데 힘썼다.

적병을 **시살만 하리! 전선은 깨뜨리기민 하라!** 힘써 싸우는 여부는 내가
직접 눈으로 보는 바가 아니냐![43]

국가의 간성干城은 국토를 지키는 데 그 사명이 있다. 대한민국 헌
법 제5조 ②항에는 "국군은 국가의 안전보장과 국토방위의 신성한
의무를 수행함으로 사명으로 한다."라고 명시돼 있다. 국가의 간성
이자 군인 이순신은 자신의 사명을 다했다. 국토의 보전이 곧 국가
관이며, 영토관이다. 이순신의《장계》에서 이순신의 영토의식이 얼
마나 확고했는지를 뚜렷이 알 수 있다.

**왜놈들이 머물러 있는 거제·웅천·김해·동래 등지 이 모두가 우리의 땅입
니다.** 1594년 3월 10일,《陳倭情狀》

조선에 쳐들어온 일본군이 임시로 점령하여 머물고 있다 해도 그 곳이 분명 우리 조상이 살아온 터전이자, 우리 백성이 사는 곳이며 그곳 모두가 조선 땅이라는 것을 밝히고 있다. 이순신은 한 치의 땅 도 적들에게 내어 주지 않고자 했다. 국가를 위한 이순신의 헌신과 태도는 어떠했을까? 1597년《정유일기》에 적힌 송나라 역사를 읽은 소감讀宋史의 한 구절이다.

> 내가 리강李綱이라면 나는 어떻게 할까. 몸을 헐어 피로써 울며, 간담을 열어젖히고서 사세가 여기까지 왔으니 **화친할 수 없음을 밝혀서 말할 것이요,** 아무리 말하여도 그대로 되지 않는다면 거기 이어 죽을 것이요. 또 그렇지도 못한다면, **짐짓 화친하려는 계획을 따라 몸을 그 속에 던져 온갖 일에 낱낱이 꾸려 가며, 죽음 속에서 살길을 구한다면,** 혹시 만에 하나라도 나라를 건질 도리가 있게 될 것이거늘. 리강의 계획은 이런 데 서 내지 않고 그저 가려고만 했으니, **이것이 어찌 신하 된 자로서 몸을 던져 임금을 섬기는 의리라 할 수 있겠는가.** 1597년,《충무공전서 권1》

1593년 11월 17일,《장계》에서도 나라가 왜적의 침략을 받아 위태 로운 지경에 이른 것은 많은 사람이 당장 자신의 편안함에 안주하였기 때문이라고 지적하였다. 그러면서 신하 된 자의 도리는 나라를 구하는 데 있고 그 방법도 죽음 속에서 살길을 구해야 한다고 했다. 즉 자신의 안위安危와 목숨 따위는 생각지 않아야 한다고 말하고 있다.

> 신과 같이 어리석고 못난 사람은 **진실로 만 번 죽어도 달게 받겠습니다.** 그러나 당장 나라가 다시 일으켜야만 할 이때에, **모두 우선 당장에만 편 안하려고만 하여 이 지경에 이르렀으니, 뒷날에 후회한들 아무런 소용 이 없을 것입니다.** 자나 깨나 생각해 보아도 어찌할 바를 몰라 원통하고

민망함이 그지없습니다. 1593년 11월 17일,《請沿海軍兵糧器全屬舟
師狀》
자정에 배 위로 올라가 손을 씻고 무릎을 꿇고 **"이 원수를 무찌른다면,
지금 죽어도 유한이 없겠습니다."**라고 하늘에 빌었다.[44]

사실史實에 근거해 판단하다

아래《난중일기》는 1593년 6월 22일부터 6월 29일까지 벌어진
'2차 진주성 전투'와 관련하여 이순신이 전해 들은 내용에 대한 기
록이다.

(중략) **진양진주이 함락되어 황명보, 최경회, 서예원과 김천일, 이종인과
김준민이 전사했다**고 했다. 1593년 6월 29일,《계사일기》
(중략) 해질 무렵에 김득룡이 와서 **진양이 불리하다고 전했다.** 놀라움과
걱정스러움을 이길 길이 없다. 그러나 절대 그럴 리 없다. 1593년 7월
2일,《계사일기》
(중략) **진양이 함락되었다는 긴급 보고가 광양에서 왔다.** 1593년 7월 5
일,《계사일기》

그런데 이 일기에 이상한 점이 있다. 6월 29일에 '이미 진주성이
함락되어 여러 장수가 죽었다'고 적고 있는데, 7월 2일엔 '진주성이
불리하다.'라고 했고, 7월 5일 '진주성이 함락되었다.'라는 보고를
받았다고 적고 있다. 이것은 이순신이 7월 5일 소식을 접했지만, 실
제 함락은 6월 29일이라는 사실을 확인하고, 이미 적어 둔 6월 29
일《난중일기》에 소급해서 적어 넣은 것으로 보인다. 이순신은 자신
이 쓰고 있는 개인적인 일기라도 사실에 입각한 정확한 날짜 기록이

되어야 한다고 여겼다. 이순신이 사실에 근거한 냉철한 판단을 했던 인물이라는 것을 알 수 있는 대목이다.

싸우기 전에 이길 수 있는 힘, 자유로운 논쟁

류성룡의 《징비록》에 언급된 이순신의 서재 이름은 운주당運籌堂이다. 한산도에 삼도수군통제영이 설치된 1593년 7월 15일부터 1597년 2월 26일 이순신이 한양으로 압송당하기 직전까지 3년 8개월 동안 거처했던 곳이다. 이순신은 병영 안에 운주당을 짓고 장수들과 전투를 논의하고 의견을 교환했다. 수군들에게도 자유롭게 진언할 기회를 부여함으로써 의사소통을 활발하게 했다.

이순신의 후임 원균이 칠천량에서 패전하면서 불타 없어졌다. 1939년 통제사 조경이 운주당 터에 새로 건물을 지으면서 제승당制勝堂이라고 명명했고 오늘날까지 내려오고 있다.

이순신이 자신의 서재를 운주당으로 지은 이유는 사마천의 《사기》에 나오는 운주運籌의 유래에서 확인할 수 있다. 유방은 항우를 극복하고 천하를 제패한 뒤 장량張良의 공로를 "진영의 군막 안에서 계책을 짜내 천 리 밖의 승리를 결정했다."라고 평가했다. 그 문장 중에서 계책을 만든다는 뜻의 '운주'를 이순신이 자신의 서재 이름으로 쓴 것이다.

이순신은 운주당을 장량의 장막처럼 불태不殆와 불패不敗의 승리 전략을 만드는 공간으로 활용하고자 했다. 그래서 이순신의 운주당은 불이 꺼지지 않고 어떤 신분의 인물이라도 쉽게 드나들 수 있도록 문턱을 없앴다. 그는 탁월한 천재 한 사람의 지혜도 중요하지만 평범한 열 사람, 천 사람의 지혜도 그에 못지않게 중요하다는 것을 알고 겸손하게 경청하려고 했다.

셰익스피어는 "위대한 논쟁 없이는 감동도 없다."라고 말했다. 조직을 살리기 위한 논쟁은 리더에 대한 믿음과 열린 마음이 있어야 가능하다. 그래야 열정이 생겨 위기를 극복하고 도약할 수 있는 지혜를 만들어 낼 수 있다. 리더의 방, 리더가 있는 모든 곳을 경청의 운주당으로 만들 때 창조와 성공이 잉태될 것이다.

이순신의 운주당과 그의 한결같은 태도가 손자병법에서 최고의 전략으로 평가하는 '싸우기 전에 이기는 전략'을 만들 수 있었던 이유이다.

통계로 살펴본 이순신의 전략 전술

이순신의 전략 전술을 살펴보기 위해 《난중일기》와 《임진장초》를 빅데이터로 분석했다. TF-IDF값 기준으로 상위 30개의 핵심 키워드를 중심으로 의미연결망[45]을 분석한 결과는 그림과 같이 표현할 수 있다.

《난중일기》 의미연결망의 네트워크 구조 속성을 살펴보면 노드는 총 30개이며 연결선은 650개, 밀도는 0.747, 평균 연결 강도는 21.667, 평균 연결 거리는 1, 컴포넌트는 1, 지름은 2로 나타났다. 노드의 크기는 이야기가 가장 크게 나타났으며, '활, 왜적, 군사, 장수, 편지' 등이 비교적 큰 편으로 분석되었다. 각 노드의 연결 강도는 '활과 군사'가 가장 높았고, '군사와 왜적', '군사와 바다', '군사와 전선', '군사와 약속'의 순으로 높게 나왔다. 이들 노드 간 동시 출현 빈도는 '활과 군사'가 1564회, '군사와 왜적' 1242회, '군사와 바다' 1242회, '군사와 전선' 1058회였다.

또 《임진장초》 의미연결망의 네트워크 구조 속성을 살펴보면 노드는 총 30개이며 연결선은 836개, 밀도는 0.961, 평균 연결 강도는 27.867, 평균 연결 거리는 1.039, 컴포넌트는 1, 지름은 2로 나타났다. 노드의 크기는 '수군'이 가장 크게 나타났으며, '격군, 진, 왜선, 군사, 경계, 명령' 등이 비교적 큰 편으로 분석되었다. 각 노도의 연결 강도는 '수군과 군사'가 가장 높았고, '수군과 진', '군사와 진', '수군과 격군', '수군과 약속', '수군과 명령' 순으로 높게 나왔다. 이들 노드 간에 동시 출현 빈도는 '수군과 군사'가 1923회, '수군과 진' 1136회, '수군과 격군' 883회, '수군과 약속' 776회, '군사와 명령'이 697회였다. 이러한 분석을 통해 '군사와 바다, 왜적, 수군과 진, 명령, 약속' 등이 연결 중심성의 중심에 위치한다는 것을 확인함으로써 바다에서 적을 맞아 싸워 이기겠다는 이순신의 전략을 확인할 수 있다.

이순신의 통찰력, 전략과 전술, 리더십의 정신은 도도히 흘러 후손들의 나라 지킴에 전해지고 있다. 현재도 미래도 전쟁의 핵심은 예방이며, 그 중심은 사람이다. 이순신의 전쟁, 《난중일기》, 《임진장초》의 되살림에서 얻은 소중한 교훈이다.

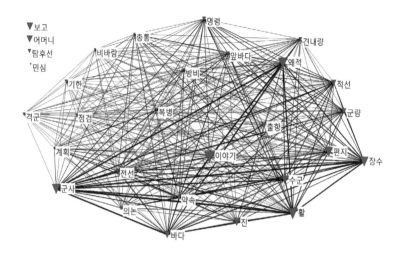

《난중일기》 의미연결망 네트워크 구조 분석

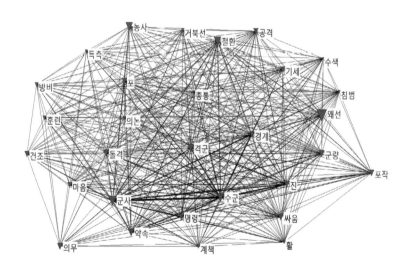

《임진장초》 의미연결망 네트워크 구조 분석

♣ 지도자의 길, 심모원려深謀遠慮를 기르는 법

심모원려는 깊이 고려考慮하는 사고思考와 멀리까지 내다보는 생각이다. 중국의《무경십서武經十書》에 나오는 말이다. 장수에게 심모원려가 없으면 계책이 많은 모사가 곁을 떠나고, 용기가 없으면 병사가 적을 두려워하고, 경거망동하면 군대에 진중한 기운이 없게 되고, 충동적으로 노여움을 발산하면 전군이 두려워한다. 심모원려는 장수가 반드시 갖추어야 할 소중한 덕목이다. 지도자라면 깊이 고려하는 사고와 멀리 내다보는 생각이라는 심모원려를 가슴에 새기고 면 미래를 통찰하는 힘을 길러야 한다.

♣ 충무공 이순신 탄신일과 전사일은 언제일까요?

충무공 이순신의 높은 충의를 길이 빛내고자 제정한 법정 기념일인 탄신일은 1545년 4월 28일이다. 이순신은 1598년 12월 16일 노량해전에서 앞장서 적과 맞서 싸우다가 적의 탄환에 맞아 운명하였다.

♣ 충무공이라는 시호는 어떤 의미를 갖고 있을까?

충忠 나라에 대한 깊은 충성심
무武 뛰어난 무예와 전략
공公 나라와 백성을 위해 헌신한 공적

02

행동은 변화하는 조직의 가장 강력한 힘이다

"볼 수 없는 것은 없는 것과 같다. 그러므로 행동으로 보여 주어라."

리더는 행동을 통해 구성원들에게 꿈을 현실로 만들 수 있는 영감과 의욕을 불어넣어야 한다. 변화하는 조직으로 거듭나기 위해서는 행동해야 한다. 리더십을 '과학이며 예술'이라고 하는 이유도 여기에 있다. 리더십은 사람의 마음을 움직이는 힘이다.

행동의 시작은 패러다임에서 비롯된다. 패러다임은 비전, 가치, 전략, 과제를 선정하고 식별할 수 있도록 하는 것, 즉 세상을 보는 눈이다. 과거와 현재에 안주하며 새로운 패러다임을 갖지 못하는 리더는 리더십을 발휘할 수 없다. 조직 역시 변화 없이는 성장과 발전을 모색할 수 없다.

사람은 고쳐 쓰는 것이 아니다?

흔히 "사람은 고쳐 쓰는 것이 아니다."라는 말을 한다. 사람의 성격을 선천적인 기질 중심으로 해석하는 관점이다. '기질Trait'은 사람의 행동이나 성격에서 뚜렷하게 드러나는 특성으로 쉽게 변화하지 않는 생물학적, 감정적인 부분을 차지하는 본성으로 이해한다. '성격Personality'은 각 개인이 지닌 특유한 성질이나 품성을 의미하는데 환경적 영향과 다양한 관계에서 상호작용을 통해 만들어진 특유한 개성이다. 성격은 주변과의 상호작용을 통해 변화하며, 의지와 노력에 의해 비교적 쉽게 변화시킬 수 있다.

여기서 주목할 것은 기질이나 성격은 쉽게 바뀌지 않으나 신념의 우선순위인 가치관은 바뀔 수 있다는 점이다. 실례로 직장과 가정 중에 우선 순위를 어디에 두느냐에 따라 개인이 갖는 가치관도 달라진다.

따라서 사람의 행동과 태도의 변화를 위해서는 개인 신념의 우선순위인 가치관에 영향을 줄 수 있는 교육과 환경 조성이 중요하다. 기질과 성격은 쉽게 변화할 수 없지만, 가치관에 대한 교육과 환경 조성을 통해 세계관의 변화를 유도하고 행동의 변화를 가져올 수 있다. 리더라면 조직원의 긍정적인 가치관 변화에 집중해야 한다. 가치관이 바뀌면 사람의 태도도, 행동도 변할 수 있다.

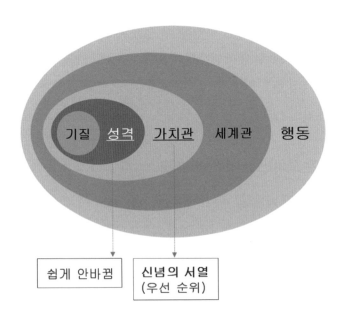

개인 특성 구조 사람의 기질, 성격, 가치관, 행동과 태도의 변화를 잘 이해할 수 있게 한다.

제3부 다시 보는 이순신 리더십

진정한 리더는 올바른 가치를 추구하는 사람이다

진정한 리더는 어떤 사람일까? 목표 달성을 위해 물불을 가리지 않는 사람이 아니라, 모두가 지향하는 올바른 가치를 함께 추구하는 사람이다.

리더는 명암明暗**의 칼끝 위를 걸어가는 사람입니다.** 자기가 가는 길이 올바른 길인지 **항상 날카로운 눈으로 자신을 돌아보아야** 합니다. 그 방법은 두 가지입니다. 하나는 **스스로 돌아보는 자기 성찰의 방법**이고, 또 하나는 **다른 사람을 통해 자신을 비춰 보는 방법**입니다.[46]

이순신은 나라와 백성을 지켜 낸다는 목적과 목표를 분명히 제시하여 휘하 군사의 가치관을 명확히 하는 것으로부터 지휘와 전쟁 준비를 시작했다.

"이순신에게 가면 산다"

"큰 적들이 바다를 휘젓고 있는데 그대들은 어쩌자고 여기에 있는 것이냐?" 하니 **"저희는 오직 장군만 바라보고 여기에 왔나이다."** 하였다.
《이충무공 행록》

백성은 나라의 근간, 백성이 살아야 나라가 산다

《난중일기》에는 이렇게 쓰여 있다. "백성의 마음을 얻는 것이 바로 천행天幸이다." 오늘날 우리가 이순신의 교훈을 되새기고 따라 배우고자 하는 이유는 백전백승하여 나라를 지켜 낸 일뿐만이 아니라 백성 사랑을 몸으로 실천한 위대함에 있다. 조선 수군 최고 지휘관으로서 적과 싸워 물리치는 본질적인 책무와 더불어 백성은 나라의 근간이며, 백성이 살아야 나라가 산다는 것을 행동으로 실천하고 증명해 냈다. 이순신은 백성을 보살피고 백성에게 피해를 주지 않는 것이 곧, 나라를 지키는 사회적 책임이라는 것을 명확하게 하고 있다.

일에는 경중이 있고 때에는 완급이 있으니, 진실로 일시적인 폐단 때문에 끝없이 후회할 일을 만들어서는 안 됩니다. 이는 이미 지난날 경험한 것인데, 호남 한 지방이 오늘날까지 온전함을 얻은 것은 오로지 수군에 힘입은 것입니다. 대세가 회복되는 시기 또한 지금인데, **도망한 병사를 대신해서 친족이나 이웃을 징발하는 폐단의 혁파는 사정이 안정된 다음에 해도 늦지 않기에 죽음을 무릅쓰고 망령되이 아룁니다.** 엎드려 바라건대 조정에서는 전후로 올린 장계를 참작해 **적들을 막고 백성을 보호하는 2가지 모두 편안함을 얻으소서.** 일족에게 징발하지 말라는 명령을 취소해 주기를 청합니다. 1593년 4월 10일, 《請反汙勿侵之命狀》

조직의 시너지를 불어넣는 힘, 공정한 평가

이순신은 목숨 걸고 싸운 군사들의 공적을 신분의 고하를 막론하고 열거하여 보고했다.

중위장 순천부사 권준, (중략) 등은 싸울 때마다 제 몸을 생각하지 않고 먼저 돌진하여 승첩을 거두었으니 참으로 칭찬할 만합니다. (중략) 여러 장수와 군사 및 벼슬아치들이 분연히 제 몸을 돌아보지 않고 처음부터 **끝까지 힘껏 싸워** 여러 번 승첩을 하였습니다. 1592년 7월 15일, 《見乃梁破倭兵狀》, 《三度閑山島勝捷啓本》

부하들이 세운 전공은 빠짐없이 기록하여 포상하고 칭찬도 곁들이니 모든 군사가 한결같이 목숨을 아끼지 않았다. 아무리 낮은 지위의 하인이나 격군, 사노도 항상 이름을 불러 인간적으로 대했으며, 전투에서 부상을 입거나 사망하면 이름을 빠짐없이 적어 보고하였다. 사노私奴, 절노寺奴, 관노官奴, 보자기漁夫, 무상無上, 물 퍼내는 군사, 사공沙工의 이름이 낱낱이 기록되어 전해 온다. 덕분에 후세는 그들의 영웅적 모습을 기억한다.

> 한창 싸울 때, 사졸로서 화살이나 철환을 맞은 사람 가운데는 신이 탄 배의 **정병 김말산**, 우후선의 **포요원 진무 장언기**, 순천 1호선의 **사부이며 사삿집 종인 배귀실**, 순천 2호선의 **격군이며 사삿집 종인 막대**와 **보자기 난돌**, 보성 1호선의 **사부이며 관청의 종인 기이**, 흥양 1호선의 **화살장이이며 관청의 종인 난성**, 사도 1호선의 **사부이며 진무인 장희달**, 여도선의 **사공이며 토박이 군사인 박고산**과 **격군 박궁산** 등은 철환에 맞아 죽었습니다. 1592년 6월 14일, 《二度唐項浦等四處勝捷啓本》

리더라면 조직원이 주도적으로 자신의 업무를 추진할 수 있는 적절한 동기를 부여하는 것에 소홀해서는 안 된다는 점을 이순신의 사례에서 알 수 있다. 이순신을 통해 우리는 리더의 헌신을 본다. 한번 지는 것이 모여 팔로우십이 되고, 헌신이 모이면 리더십이 된다.

♣ 자신을 완성시켜 나가라

사람은 완성된 상태로 태어나지 않았다. 우리는 날마다 조금씩 인격을 가다듬고 전문성을 높여 간다. 조끔씩 다듬는 과정에서 생각이 맑아지고 판단이 성숙해지며 의지가 순화될 때 비로소 우리는 완성을 깨닫게 될 것이다.

♣ 구성원의 책임감을 높일 방법은?

1. 리더는 조직원에게 '어떻게 하라How to do' 보다 '무엇을 할 것인가What to do'를 제시해야 한다.
2. 될 수 있는 대로 많은 조직원이 차상위 직급의 임무를 수행할 기회를 부여하라.
3. 조직원이 주도적으로 업무 성과를 달성한 경우 즉시 적절하게 칭찬하고 격려한다.
4. 가치 있는 일에 대해서는 공개적인 칭찬에 인색하지 말자.
5. 신상필벌을 엄격히 하되, 잘못이 확인되기 전에는 신임하라.

♣ 리더가 조직원과 좋은 관계를 유지하기 위한 기준은?

1. 시의적절한 반대급부와 공정한 신상필벌
2. 인간적인 접촉 유지
3. 조직원의 주체성 독려
4. 자기 성장에 적합한 과업 부여

03

사람의 마음은 어떻게 움직이는가?

리더는 조직원들에게 산물을 요구하는 수요자가 아니다. 조직원들과 함께 고민하고 성장을 유도하며 조직원이 자신의 능력을 충분히 발휘할 수 있는 여건을 마련하고 각자에게 적합한 동기를 부여하는 것이 진정한 리더이다.

리더의 관심에는 사람과 마음이 있어야 한다. 사람과 사람을 잇는 가장 강한 끈은 마음이다. 힘들어하는 조직원과 함께 울어 줄 마음만 있다면 성공하는 리더가 될 수 있다.

그런 의미에서 충무공 이순신은 진정한 리더였다. 그의 마음에는 고통에 신음하는 백성이 있었고 전쟁의 공포 속에 내몰린 부하들이 있었다. 리더는 슬프고 힘든 자들과 함께 울고 눈물을 닦아 줄 마음과 지략이 있어야 한다.

백성의 신음 소리에 귀 기울이고 함께 울었다

이순신에게 '백성은 나라의 근간이요, 나라가 존재하는 이유이자 전쟁에서 승리해야 하는 당위성'이었다. 일촉즉발의 전투 상황에서도 이순신은 백성의 고통과 신음 소리를 외면하지 않고 마음으로 함께 아파하고 대책을 강구하기 위해 동분서주했다. 그 흔적이《난중일기》와《임진장초》곳곳에 묻어 있다.

맑았지만 바람이 크게 불고 몹시 추웠다. 각 배에서 **옷도 제대로 입지 못한 사람들이 거북이처럼 웅크려서 추위에 신음하는데, 차마 듣지 못하겠다.** 군량미조차 도착하지 않으니 더욱 괴롭다. 1594년 1월 20일, 《갑오일기》

아침에 고성 현령이 왔기에 그에게 당항포에 적선이 드나들었는지 물었다. 또한, **백성들이 굶주려서 서로 잡아먹는다고 하는데 장차 어떻게 보호하고 살릴 것인지** 물었다. 1594년 2월 9일, 《갑오일기》

새벽에 두치에 이르니, 체찰사와 부찰사가 어제 벌써 와서 묵었다고 했다. 점검하는 곳으로 쫓아가서 소촌찰방을 만나고 일찍 광양현에 이르렀다. **지나온 지역이 하나같이 다 쑥대밭이 되어 그 참상을 차마 볼 수 없었다. 우선 전선의 정비를 면제해 주어 군사와 백성들의 피로를 풀어주었다.** 1596년 8월 14일, 《병신일기》

아침밥을 먹은 뒤 길을 떠나 옥과 경계에 이르렀는데, **순천과 낙안에서 피난해 온 사람들이 길을 가득 메우고 남녀가 서로 부축하며 가니 눈물 없이는 차마 못 보겠다.** 그들이 울면서 "사또께서 다시 오셨으니 우리가 살아날 길이 있다."라고 말했다. 1597년 8월 6일, 《정유일기》

마침 농사철인데 비라 두루두루 충분히 내렸습니다. 해안의 각 진영에서 병사들을 빗자루로 쓸 듯이 바다로 내려보내 전라좌·우도의 수군이 4만여 명이나 되는데, 모두 농민입니다. **쟁기질을 모두 그만두게 되면, 가을에 추수할 희망이 없어집니다.** 그나마 온전해 군량미가 모두 이 도에서 나옵니다. 그러나 도내의 장정들이 다 수전과 육전에 나아가고 노약자들은 군량미를 수송해 경내에는 남은 일꾼이 없습니다. 봄철이 이미 지나가는데 들판은 고요하니, 백성들이 생업을 잃을 뿐만 아니라 군대와 나라의 물자 또한 기댈 곳이 없어질 것이어서 매우 답답하고 염려됩니다. 수군과 격군 등이 번갈아 가며 돌아가서 농사짓고 싶어 하지만 대신할 만한 사람이 달리 없으니, 살아갈 방도가 영영 끊어지고 말 것입니다. 1593년 4월 6일, 《토적장, 웅포해전이 끝난 뒤 올린 보고서》

전쟁은 백성에게 큰 고통과 시련을 준다. 이순신은 백성의 이런 사정을 외면하지 않고 문제를 해결하기 위한 방책을 조정에 건의한다. 여수 전라좌수영 인근 돌산도에 피난민이 정착하고 농사를 지을 수 있도록 건의하였다. 백성의 어려운 처지도 해결하고 군사용 말을 기르는데도 해가 없다는 이순신의 치밀한 논리와 고민이 돋보인다.

영남의 피난민들이 본영 경내에 들어와 살고 있는 사람들이 200여 호에 이릅니다. 각각 임시로 살 수 있게 받아들여 어렵지만 겨울을 지나게 하였습니다. 그러나 낭상 구호할 물사를 마련할 방법이 없습니다. 비록 사변이 평정된 뒤에는 제 고장으로 되돌아간다고 하더라도 **당장 눈앞에서 굶주리는 모습은 차마 볼 수 없습니다.** (중략) 이에 신이 피난민들이 있을 만한 곳을 아무리 생각해 봐도, 돌산도만 한 곳이 없습니다. 그런데 이 섬은 본영과 방답 사이에 있고, 산이 겹으로 둘러싸여 왜적이 들어올 길이 사방으로 막혔으며, 지세가 널찍하고 토질이 비옥하므로 **피난민에게 알아듣도록 타일러서 차츰 받아들여서 방금 봄갈이를 시켰습니다.** 다만 어사였던 홍종록과 감사 윤두수, 수사 박선·이천·이영 등이 본영의 둔전[11] 경영에 관한 일을 장계하였을 때 병조에서는 '목장이 있

11) 둔전屯田: 굶주린 백성들에게 농구와 종자 및 식량을 주어 황폐한 땅을 개간시키고 수확은 반을 경작자에게 주는 대신, 반을 군량으로 충당하는 제도이다. 둔전 제도는 조일전쟁 이전부터 있었으며, 국둔전國屯田, 관둔전官屯田의 종류가

는 곳에는 말을 기르는 일에 방해된다.'고 반대하였던 것입니다. 그러나 지금은 나랏일이 어렵고도 위태하며, 백성이 살 곳을 잃었으므로 **비록 의지할 곳 없는 어리석은 백성들로 하여금 들어가 농사를 짓게 하더라도 말을 먹이는 일에는 해로움이 없을 것입니다.** 그래서 목마구민牧馬救民 한다면, 바라건대 둘 다 편리할 것으로 판단됩니다. 1593년 1월 26일,《請令流民入接突山島耕種狀》

또한, 이순신은 백성에게 피해를 주는 것을 절대 용납하지 않았다. 1597년 1월 16일 일기에는 이웃집에 피해를 준 병졸에게 곤장을 쳤고, 1597년 6월 2일에는 "고을 사람들이 밥을 지어 갖고 와서 먹으라고 하나 종들에게 절대로 받아먹지 말라고 타일렀다."라고 썼다. 다음 날에도 "아침에 고을 사람들의 밥을 얻어먹었다는 말을 들었기에 종들을 매질하고 밥 지은 쌀을 돌려주었다."라고 기록돼 있다. 공직자는 백성을 지키는 파수꾼이지 백성에게 피해를 주어서는 안 된다는 이순신의 무거운 가르침이다.

> 성 밑에 사는 **토박이 병졸 박몽세는 석수장이**인데, 선생원의 쇠사슬 박을 돌 뜨는 곳채석장에 갔다가 **이웃집의 개에게까지 피해를 끼쳤기 때문에 곤장 80대**를 쳤다. 1592년 1월 16일,《임진일기》
>
> **아침에 고을 사람들에게 밥을 얻어먹었다**는 말을 들었다. 그래서 **종들에게 매를 때리고, 밥 지은 쌀을 다시 돌려주었다.** 1597년 6월 3일, 《정유일기》

이런 이유로 이순신이 주둔하는 진영鎭營 인근에는 언제나 백성

있었다.

들이 몰려들었다. 1593년부터 1596년까지 통제영으로 삼았던 한산 도閑山島나 1597년 봄부터 통제영으로 삼았던 고금도古今島에는 수만 명의 백성이 몰려들었다. 13척으로 133척의 일본 수군과 맞서 싸웠던 명량해전에서도 전투에 필요한 식량, 군수물자 등은 진도 백성들이 기꺼이 한마음으로 후원했다. 이순신의 백성 사랑의 마음과 고결한 인격에 감화된 백성들이 하나가 되었고 이것이 곧 전쟁 승리의 밑거름이 되었다. 이처럼 리더의 품격은 평시에도 전시에도 크게 빛을 발한다.

하마下馬, 악수握手, 개유開諭[12]로 백성을 감동시키다

이순신은 남의 말을 잘 청취했고 명령이나 지시보다는 대부분 설득을 했다. 《난중일기》와 《임진장초》에 '사리를 알아듣도록 잘 타일렀다개유, 開諭'라는 표현과 '가르친다敎'는 표현이 등장한다. 개유는 2회, 敎는 26회 나온다.

> 옥과 땅에 도착했더니 피난하는 사람이 도로를 가득 메웠다. 기가 막힐 일이다. **말에서 내려 앉아 알아듣게 타일렀다**下坐開諭. 1597년 8월 5일, 《정유일기》
>
> 급히 달려 배경남과 같이 구치전남 순천 접치마을에 도착했다. 말에서 **내려앉아 전령했더니**余下坐傳令한꺼번에 와서 인사했다. 1597년 8월 8일, 《정유일기》
>
> 고을 사람들이 밥을 지어 갖고 와서 먹으라고 하나 **먹지 말라고 종들에게 가르쳤다**敎. 1597년 6월 2일, 《정유일기》

---

12) 알아듣도록 타이르다.

1597년 7월 23일, 선조는 백의종군 중이던 이순신을 전라 좌수사 겸 삼도수군통제사로 다시 임명하였다. 이순신은 경상남도 합천에 도착하여 도원수 권율의 부하로 백의종군하던 중 옥고를 치르느라 지친 육신을 이끌고 구례, 곡성, 옥과, 순천, 보성을 거쳐 장장 330km를 돌아 함대 재건을 위한 자원과 민심을 파악하고 회령포에 도착했다.

이순신은 이 지역을 순회하는 동안 눈높이 자세로 백성과 이야기하고, 백성의 눈물과 분노를 들었다. 그는 말에서 내려서下馬 손목을 잡고握手, 마주 보면서 수군 재건을 위한 협조를 당부하고 타일렀다開諭. 6조 판서와 동격인 정2품 통제사임에도 겸손히 말에서 내려 백성을 위로하고 달래어 안심시킴으로써 민심을 수습하고 백성들에게 새로운 희망을 주었다.

그 결과 이순신은 부임 도중에 1천여 명의 수군을 확보하고 12척의 전선에 승조원을 90명에서 170명 수준까지 늘릴 수 있었다. 흩어진 수십 명의 장수와 군관을 다시 모으고 1개월분의 군량미도 확보했다. 무기 정비를 위한 기술자와 재료도 확보했으니 단기간에 이루어 낸 실로 엄청난 성과였다.

이순신은 '하마, 악수, 개유'하며 겸손과 온유의 자세로 함대 재건과 해전을 준비했으며, 백성은 이에 감동, 감화하여 이순신과 함께 하였다. 명령과 지시는 일방적이고 간단한 것이지만, 이순신이 표현한 '개유開諭'나 '교教'는 더 많은 생각과 노력이 필요하다. 명령도 백성을 어루만지는 것도 설득의 방식으로 전달함으로써 목적과 마음이 하나가 되고 책임과 의무를 확실하게 전달할 수 있었다.

백성의 곳간을 채운 이순신의 비결, 배메기

1593년 11월 17일, 전쟁이 소강상태에 이르자 이순신이 백성을 잘 살게 하기 위한 방안을 마련하여 조정에 장계한다. 여기에 '배메기'라는 말이 나온다. 원문은 '竝作·打作'이다. 1697년 11월 12일과 12월 4일《난중일기》에도 '배메기'한 것을 보면, 일반적으로 알고 있는 가을걷이秋收는 아닌 것으로 보인다. 11월과 12월 한겨울에 '배메기'를 한다는 것은 땅의 임지와 경작자가 농작물을 반반씩 나누어 가지는 것을 말하는 것으로 보인다. 이순신은 자신이 관할하는 지역 어디든 '배메기'를 하여 백성도 농작물을 나누어 가지게 함으로써 백성을 먹여 살리고 전쟁에 대비할 물자를 보급할 수 있었다.

신의 생각으로는 **각 지방에 떠도는 피난민**은 이미 머물러 살 곳이 없고, 또 먹고살 생업도 없으므로 보기에 참담하니 **이 섬으로 불러들여 살게 하면서 합력하여 경작하게 하고 절반씩 갈라 가지게 한다면** 공사公私 간에 함께 편리할 것입니다.

흥양현 유방군은 도양장道陽場으로 들어가 농사짓게 하고, 그 나머지의 땅은 백성들에게 주어 **배메기하고,** 말들은 절이도折爾島로 옮겨 모으면, 말을 기르는 데도 손해가 없고, 군량에도 도움이 될 것입니다.

전라우도의 강진 땅 고이도古爾島와 남해 땅 황원목장黃原牧場은 토지가 비옥하고 농사지을 만한 땅도 무려 1000여 섬 종자를 뿌릴 수 있습니다. 만약 철 맞추어 씨부침을 하면, 그 소득이 무궁할 것인데, 농군을 뽑아낼 곳이 없으니, **백성에게 주어 배메기하여,** 나라에서 절반만 거둬들여도 군사들의 식량을 보충할 수 있을 것입니다. 또 군사들에게 식량이 공급만 되면, 앞으로 닥쳐올 큰일이라 할지라도, 군량이 없어서 다급한 일은 거의 없을 것이니, 이야말로 시기에 합당할 일입니다.

그러나 유방군에게 공사工事를 시키는 것은 신이 함부로 할 수 있는 일이 아닙니다. 감사나 병마사들이 제 시기에 나서서 해야 할 일입니다. 봄철의 농사가 멀지 않았건만, 아직 시행한다는 소식이 없으니, 참으로 민망하고 염려됩니다. 1593년 11월 17일, 《請設屯田狀》

1594년 1월 10일 《장계》를 보면 순천, 흥양 지방에 있는 모든 관리에게 농사짓는 일을 독려하고 관리자 목장의 일을 멋대로 하여 백성에게 불편을 주자 이를 다른 사람으로 교체해 달라는 조정에 건의한다.

둔산도에는 신의 군관인 훈련 주부 송성宋晟을, 도양장에는 훈련원 리기남李奇男을 모두 농감관農監官, 농사를 지도, 감독하는 관리로 임명하여 보냈습니다. 농군은 혹 **백성들에게 주어 배메기하든지, 혹은 피난민들을 들여서 농사짓게 하든지 하여 관청에서는 절반을 수확**하도록 했습니다. 또 순천 및 흥양의 **유방군留防軍과 노약한 군사들을 제대시켜 배메기하되**, 보습·영자·뇌사따비와 쟁기 등은 각각 자기네 고을에서 준비해 보내라고 이미 공문으로 통고하였습니다. 전라우도의 화이도와 황원곶 등에도 신의 종사관 정경달을 "둔전의 형편을 돌아다니면서 검사하고 신칙하여 제때에 맞추어 시행하도록 하라."라고 이미 보내었습니다.

그런데 이번에 받은 호조의 공문에 따른 순찰사 이정의 공문 내용에 "위의 돌산도 등 감목관에게 이미 둔전을 겸임시켰다."라고 하거니와 순천 감목관 조정은 벌써 전출되었고, **정식으로 후임이 아직 내려오지 않았으며,** 흥양 감목관 차덕령은 도임한 지 벌써 오래되었다 하여 멋대로 처리하여 목장에서 **"말 먹이는 사람들을 몹시 학대하여서 안심하고 살 수 없게 하기 때문에 경내의 모든 백성들이 꾸짖고 걱정하지 않은 이가 없다."**라고 합니다.

신도 멀지 않는 곳에 있기 때문에 벌써 그런 소문을 들었으므로, **이번에 농사짓는 모든 일을 이 사람에게 맡기게 되면, 그것만으로도 위의 차덕령을 빨리 전출시키고 다른 사람을 임명하여 며칠 안으로 보내어 농사짓는 감독관에 같이 힘쓰고, 시기를 놓치지 않도록 하는 것이 좋을까 하여 생각합니다.** 1594년 1월 10일, 《請改差興陽牧官狀》

성공을 만드는 리더, 실패를 만드는 리더

역사를 보면 성공한 조직과 실패한 조직에는 언제나 최고의 리더와 최악의 리더가 있었다. 경청하는 리더, 집단지성을 활용하는 리더는 언제나 성공했다. 반면 귀를 닫은 리더, 자신만이 최고라는 착각에 빠진 리더는 자신은 물론 조직원의 삶까지도 참혹하게 만들었다.

이순신은 때와 장소를 가리지 않고 부하들과 함께 토론했고 그들의 의견에 귀를 기울였다. 이순신이 부하들과 이야기를 나눴다는 기록은 《난중일기》에 63회 등장한다. 특히, 종일 이야기를 나누거나終日論話, 밤늦게까지 이야기를 나누었다日夜謀約, 온갖 방책을 의논했다百爾籌策는 기록도 있다.

이를 보면 이순신은 부하의 이야기를 경청하고 함께 논의하면서 다양한 문제를 해결해 나갔다. 부하들의 말을 들어 주는 리더, 계급과 신분에 따른 차별을 하지 않는 리더였기에 누구나 새로운 대안, 창의적인 생각을 제안할 수 있었다. 그 때문에 부하들도 마음을 다해 그에게 충성했다. 그리고 그 결과는 전투에서 나타났다. 이순신과 그의 부대는 언제 어떤 상황에서도 일본군보다 여유가 있었고 지치고 피곤한 일본군을 상대로 전투에서 승리할 수 있었다.

이순신의 《임진장초》 리더십 연관 내용을 상위 50개의 'TF-IDF' 값을 중심으로 '워드 클라우드'로 분석한 결과를 도식화하면 아래와 같이 표현할 수 있다. '백성, 나라, 농사, 마음, 걱정, 물고기, 해산물, 둔전, 고통, 인재, 계책, 쌀, 굶주림, 벼, 콩' 등과 같이 군량 확보와 관련한 키워드가 높게 나타났다.

어떠한 지원도 없는 절박한 상황에서 나라와 백성을 지켜 내고 전쟁에 승리하기 위한 방도를 찾아내던 이순신의 고뇌가 느껴지는 대목이다. 이순신은 스스로 자급자족할 수 있는 정책을 만들어 가면서 짧은 시간에 수군을 재건하고 백성을 지켜 낼 수 있었다.

《임진장초》리더십 워드 클라우드 《임진장초》의 리더십 연관 내용을 TF-IDF 상위 50개 키워드를 워드 클라우드로 표현한 결과물이다.

이순신은 누구와 무엇을 소통했을까?

《난중일기》에 직접 또는 간접적으로 언급된 인물은 약 1,050여 명이다. 전쟁을 함께한 장수, 가족, 정치가, 백성 등으로 다양하다.

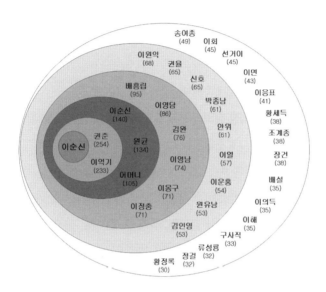

《난중일기》 기록 상위 인물 《난중일기》 인물에 대한 기록 현황이다. 권준(254회)과 이억기(233회)가 많고 그 뒤를 이순신(140회), 원균(134회), 어머니(105회) 등으로 등장한다.

조정의 지원도 없이 중상과 모략이 난무하는 최악의 조건을 이겨내고 어떻게 이순신은 피비린내 나는 전장을 함께 할 부하의 신뢰를 얻었고 자기 뜻에 동조해 주는 동지同志를 얻을 수 있었을까? 이순신의 인맥 관리 비법은 무엇일까? 《난중일기》를 보면 편지, 예물, 술잔을 나누면서 마음을 하나로 모아 소통하고 인맥을 관리하고 있음을 알 수 있다.

"편지 소통으로 흩어진 마음을 하나로 묶어 내다"

이순신은 관료, 지인, 가족과 약 30여 회의 편지를 주고받았다. 이순신은 전쟁터에서도 많은 편지를 썼다. 가족 친지는 물론 류성룡, 정탁 등 조정의 고위관료와 각처의 동료에게도 수시로 편지를 썼다. 하루에 14통의 편지를 보낸 날도 있다. 상대의 마음을 움직이는 이순신 편지의 힘이었다.

찬성 정탁의 편지도 왔다. 1594년 2월 4일, 《갑오일기》
영의정 류성룡, 우의정 정탁의 편지와 자임 이축의 답장이 왔다.
1595년 4월 12일, 《갑오일기》
식후에 서울에 편지를 써 보냈다. 1595년 9월 17일, 《을미일기》
아침에 **각처에 편지 여남은**10여 **통을 썼다.** 1595년 9월 24일, 《을미일기》
영의정, 영부사 정착, 판서 김명원, 윤자신, 조사척, 신식, 남이공에게
편지를 써 보냈다. 1596년 4월 15일, 《병신일기》
이날 아침 **한산도의 여러 곳에 갈 편지 열네 장을 썼다.** 1597년 6월
11일, 《정유일기》

이순신과 편지를 주고받은 인물은 20살이나 적은 남이공부터 19살이나 많은 정탁까지 나이를 초월한 폭넓은 교류를 했다. 전·현직 영의정, 좌의정, 우의정, 예조판서, 형조판서, 이조판서, 병조판서, 대사간, 우부승지, 도승지, 대사헌 등 고위관료와도 소통했다. 이순신은 편지 교환을 통해 든든한 지지 세력을 구축하고 있었다고 할 수 있다. 리더라면 혈연, 지연, 학연 등과 같은 강한 연결(Strong Tie)에 연연하기 보다 약한 연결(Weak Tie)에도 노력하여 인간관계의 폭을 넓히고 균형있는 네트워크를 갖추는 것에도 소홀해서는 안된다.

"소소한 선물로 정과 마음을 나누었다"

《난중일기》에는 '주어 보냈다', '봉해 올렸다', '바쳤다' 등 물품을 전달하는 내용이 많이 등장한다. 화살, 패도, 먹, 종이, 부채, 유자 등 수영의 공방에서 만든 물품이나 농산물로 마음을 나누는 예물이 주를 이루었다.

새로 만든 정철총통을 비변사로 보내면서 **흑각궁, 과녁, 화살을 넉넉하게 보냈다.** 1593년 5월 12일,《계사일기》

명나라 관원 양보에게 예단을 전하자 처음에는 굳이 사양하는 듯하다가 이를 받고는 매우 기뻐하며 재차 감사하다고 했다. 1593년 5월 24일, 《계사일기》

조도어사의 말이 몹시 놀라웠다. **부채를 봉하여 보냈다.** 1594년 6월 25일,《갑오일기》

여러 가지 단오절의 **진상품을 봉해 올렸다.** 1595년 4월 15일,《갑오일기》

유자 서른 개를 영의정에게 보냈다. 1595년 9월 17일,《을미일기》

권숙이 와서 돌아가겠다고 하므로 **종이와 먹 2개, 패도를 주어 보냈다.** 1596년 2월 5일,《병신일기》

단옷날 진상할 물품을 봉하는 것을 감독하고 곽언수에게 주어 보냈다. 1596년 4월 15일,《병신일기》

하동에서 **가공한 도련지 20권, 주지 32권, 장지 31권**을 김응겸과 고가 언수 등에게 주어 보냈다. 1596년 8월 9일,《병신일기》

왜적의 여러 가지 물건들을 빼앗아 즉시 도독진린에게 바쳤다. 1598년 9월 21일,《무술일기》

"술잔으로 시름을 나누고 단합을 도모했다"

《난중일기》에는 이순신이 술을 마셨다는 이야기가 140여 회 등장한다. 그러나 이순신 홀로 술을 마시는 경우는 없었다. 단순한 술 자체가 아니라 상관인 도원수 권율과는 전황 토론의 장이었고 동료 장수와는 단합 도모의 수단이었으며, 휘하 장졸들에게는 사기 진작의 자리였다. 리더는 혼자 술에 취하는 자가 아니라 술에 취한 부하의 마음을 다독이는 사람이다.

> 삼도의 싸움하는 **군사들에게 술 1,080동이**를 먹였다. 1594년 4월 3일,《갑오일기》
>
> **원수 권율이 가지고 간 술을 마시기를 청하여** 여덟 차례를 돌렸는데 원수가 몹시 취하여 자리를 파했다. 1594년 8월 17일,《갑오일기》
>
> **우수사 이억기, 경상 우수가 권준이 와서 이별주**를 같이 나누고 밤이 깊어서야 헤어졌다. 1595년 9월 14일,《을미일기》
>
> **여러 장수들을 불러 모아 위로하는 음식을 대접**하고 겸하여 활도 쏘고 풍악도 울리며 모두 취해서 헤어졌다. 1596년 2월 5일,《병신일기》
>
> 점심 후 길을 나서 10리쯤에 이르니 노인들이 길가에 늘어서서 다투어 술병을 가져다 바치는데 받지 않으면 울면서 억지로 권하는 것이었다. 1597년 8월 9일,《정유일기》
>
> 나로도에 머물며 **도독과 함께 술을 마셨다.** 1598년 9월 16일,《무술일기》
>
> 나로도에 머물며 **진린과 함께 술을 마셨다.** 1598년 9월 17일,《무술일기》

"이순신의 다섯 장수"

조일전쟁 중 이순신은 삼도수군통제사이면서 전라 좌수사를 겸직했다. 그와 운명을 같이했던 휘하 5관 5포의 장수는 항상 작전을 의논하고 전투를 수행했다. 이는 전쟁 초기 4대 해전의 휘하 함대 주요 직위자의 인물에서 잘 알 수 있다.

직책	옥포해전	당포해전	한산도대첩	부산포해전
중위장	이순신	권준	권준	권준
좌부장	신호	신호	신호	신호
전부장	배흥립	이순신	이순신	이순신
중부장	어영담	어영담	어영담	
유근장	나대용		황정록	
우부장	김두광	김득광	김완	정운
후부장	정운	배흥립	배흥립	
좌척후장	김인영	정운	정운	
우척후장	김완	김완	김완	
한우장	최대성	가안책	김대복	
참퇴장	배응록	이응화		
돌격장	이언량	이기남	이기남	이언량
좌돌격장		이몽구	이기남	이언량
우돌격장		김인영		

4대 해전 함대 주요 직위자 함대 편성의 주요 직책에 편성된 인물에 큰 변화가 없음을 알 수 있다.

조일 7년 전쟁에서 충무공 이순신과 함께 목숨을 걸고 싸웠던 핵심참모이자 장수는 순천부사 '권준', 방답첨사 '이순신李純信', 녹도만호 '정운', 흥양현감 '배흥립', 광양현감 '어영담'이다. 1592년 9월 1일 '부산포해전'에서 전사한 정운과 1594년 4월 9일 전염병으로 세상을 떠난 어영담을 빼고 모두가 이순신과 함께 7년 전쟁에서 조선의 바다를 목숨을 걸고 싸웠다.

수군들이 모두 앞바다에 모였다. 이날은 날이 흐렸지만 비는 오지 않고 남풍이 세게 불었다. **진해루에 앉아서 방답첨사, 흥양현감, 녹도만호 등을 불러들였다. 모두 격분하여 제 한 몸을 생각하지 않으니 실로 의사들이라 할 만하다.** 1592년 5월 1일, 《임진일기》

여러 장수들 중에서도 **권준, 이순신李純信, 어영담, 배흥립, 정운 등은 특별히 믿는 바가 있어 서로 함께 죽기를 기약하고 매사를 함께 논의하고 계획을 세웠습니다.** 1592년 9월 11일, 《鄭運追配李大源祠狀》

어떻게 이들은 이순신의 핵심참모이자 휘하 장수가 될 수 있었을까? 어떻게 이 다섯 명과 함께 죽기를 기약하고 매사를 함께 논의하며 죽을힘을 다해 함께 싸울 수 있었을까?

이들 중 이순신과 개인적 인연이나 사적인 충성심에 의해 측근이 된 사람은 없다. 오히려 이순신의 《장계》를 보면 이순신, 정운, 배흥립은 직언을 서슴지 않던 인물이고, 권준은 이순신을 조롱했던 인물이다. 이들이 이순신과 생사고락을 함께하는 동지가 될 수 있었던 것은 이순신의 공명정대함과 신뢰가 밑바탕이 되었을 것이다. 이순신은 부하를 잘 보고 골라서 등용하되 그 능력을 발휘할 수 있도록 믿고 신뢰하며 뒷받침해 주고 격려하는 데 소홀함이 없었다.

가슴 따뜻한 지휘관 이순신, 부하를 믿고 신뢰하며 격려했다

이순신은 비록 휘하 장수들이 잘못이 있더라도 감싸 주고 어려움이 있으면 조정에 건의하여 문제를 해결해 주었다. 실례로 이순신이 휘하 장수들과 연관하여 조정에 건의한 《장계》는 아래와 같다.

정운을 이대원 사당에 배향해 주기를 청하옵니다. 1592년 9월 11일,
《請鄭運追配李大源祠狀》
광양 현감 어영담의 유임을 청합니다. 1593년 4월 8일,《請光陽縣監
漁泳潭仍任狀》
어영담을 조방장으로 임명해 주기를 청합니다. 1593년 11월 17일,
《請以魚泳譚爲助防將狀》

　광양현감 '어영담'은 이순신의 핵심참모였다. 담략과 지략이 뛰
어난 사람으로 광양 현감으로서 해로海路에 밝았고 전투에서 향도로
서 크게 활약했다. 최초 3개 해전 함대의 지휘부인 중부장中部將을
맡았다. '어영담'의 진에 비축된 양곡이 장수보다 600석이 더 많다
는 암행어사의 보고에 따라 그가 파면되자, 이순신은 잉여분은 유사
시를 대비한 것이며 그중에는 의주로 파천한 임금을 위해 비축한 60
석도 포함되어 있고 경상도 해역의 수로 조건과 작전 환경에 능통한
그를 해임하면 앞으로 수군의 작전이 불가함을 소성에 보고함으로
써 유임이 결정되기도 했다. 그는 이순신의 참모장 격인 조방장 역
할을 하다 병사했다.
　순천부사 '권준' 또한 육군 중위장으로 전출 발령되었을 때 이를
조정에 건의하여 취소시켰고, 1594년 암행어사의 장계에 의해 권준
이 탐관오리로 논란이 되자 이를 적극 옹호해 주었다. 한때 순천부
사에서 파직되었으나 이순신과 함께 작전에 참가하여 큰 전공을 세
웠으며 1595년 6월 경상 수사로 발탁되었다.
　방담첨사 '이순신李純信'은 이순신이 가장 신임했던 핵심 참모 및
예하 지휘관 중 한 사람이었다. 이순신은 원균의 구원요청을 받았
을 때 가장 먼저 이순신과 의논할 정도로 밀접한 관계를 맺고 있었
다. '옥포해전'에서는 중위장으로 '당포해전', '한산도대첩', '부산포

해전'에서 전부장을 맡아 결정적인 전과를 수립했다. 후일 경상우도 수군절도사가 되었다.

흥양현감 '배흥립'은 이순신의 핵심참모 겸 예하 지휘관으로서 전부장과 후부장의 중책을 성공적으로 수행했다. 녹도만호 '정운'은 '옥포, 당포, 한산도 및 부산포해전'에서 우부장, 후부장 그리고 좌척후장을 맡아 용전분투했으며, '부산포해전'에서 전사했다. 이순신은 그의 전사에 즈음하여 나라의 바른팔을 잃어버렸다고 애통해했다.

《난중일기》를 TF-IDF값 중심으로 상위 50위의 키워드를 분석해 보면, 흥양현감(1위, 0.192), 순천부사(25위, 0.031), 방답첨사(40위, 0.027), 녹도만호(47위, 0.023) 등이 50위 이내에 나타난다. 우리가 통상적으로 이순신 장군의 휘하 다섯 장수라고 알고 있는 녹도만호 '정운', 방답첨사 '이순신', 흥양현감 '배흥립', 순천부사 '권준', 광양군수 '어영담' 등이라는 사실을 확인할 수 있다.

《난중일기》 TF-IDF값 주요 인물 상위 키워드 《난중일기》의 TF-IDF값 인물 관련 상위 100개 키워드를 워드 클라우드로 표현한 결과물이다.

제3부 다시 보는 이순신 리더십

사람의 마음을 어떻게 설득할 것인가?

남의 말을 귀 기울여 듣는 일은 쉬운 일이 아니다. 상대의 입장이 돼서 공감해야 하므로 많은 에너지가 필요하다. 하물며 타인의 마음을 얻고 설득하는 일은 더더욱 어렵다.

그러나 좋은 리더는 조직원의 이야기에 귀 기울여야 한다. 타인의 이야기를 경청하는 태도를 보이는 사람이 이 시대가 원하는 인재다. 이순신처럼 사람의 마음을 움직이게 해야 한다.

이순신은 몸이 몹시 불편하여 신음하면서도 공무를 보고 부하의 보고를 청취하는 기록이 많다. '잘 듣기敬聽'를 실천했다. 조직의 리더로서 마음을 열고 부하와 백성들의 이야기를 잘 듣고자 했다. 이순신의 그런 모습을 엿볼 수 있는 사례다.

진해루에 좌기했다. 방답 첨사와 흥양 수령, 녹도 만호를 불렀다. **모두 아주 분노하고 성내며 자신의 몸을 잊고 있었다.** 참으로 의로운 선비들 義士이로구나. 1592년 5월 1일, 《임진일기》

여러 장수들과 함께 약속했더니, 모두들 즐겁게 달려갈 뜻이 있었으나, 낙안 군수는 피하고 싶은 생각이 있는 듯했다. 한탄스러웠다. 1592년 5월 2일, 《임진일기》

늦게 배설은 적이 대규모로 올 것을 걱정해 도망쳐 피하려고 했기에, 그가 관할하는 여럿을 불러 거느렸다. **나는 그 정황을 깨닫고 있었으나 이때는 증거가 명백하게 나타나지 않았다. 먼저 들추는 것은 장수의 계책이 아니기에 가만히 참고 있었다.** 1597년 8월 30일, 《정유일기》

"진정 어린 소통은 공감을 얻어 낼 수 있다"

궁즉통窮則通, 궁하면 통한다고 했다. 궁즉통은 궁즉변窮則變, 즉 궁하면 변하게 되고, 변즉통變則通, 즉 변하면 통하게 되고, 통즉구通則久, 즉 통하면 오래가게 된다는 뜻이다. 결국, 궁즉통이란 궁窮-변變-통通-구久의 과정을 통해 지속해서 끈질기게 설득해야 통할 수 있다.

이순신의 참모장수 중엔 조방장 정걸丁傑이 있다. 정걸은 1514년 생으로 1545년생인 이순신보다 31살이나 많았지만, 이순신의 참모 장수가 되었다. 게다가 정걸은 이순신보다 14년 앞서 전라 좌수사를 역임했을 뿐만 아니라 전라 병마사, 1577년 전라 우수사, 1572년과 1578년 두 번의 경상 우수사 등 화려한 군사 요직을 두루 역임한 백 전노장이었다. 무과 급제도 정걸은 1544년, 이순신은 1576년에 했 으니 정걸이 이순신보다 32년 군의 대선배였다.

이순신은 1591년 전라 좌수사로 부임하자 정걸에게 전라 좌수사 의 명령을 받들어야 하는 참모장수인 조방장을 부탁했다. 정걸은 이 제안을 흔쾌히 수락하고 1591년 전라좌수영 조방장으로 임명되어 화전, 철령전 등 여러 가지 무기를 만들었다. '옥포해전', '한산도대 첩', '부산포해전'에서 큰 공을 세웠다.

해상전투는 협동과 팀워크가 특히 중요하다. 개별 함선의 움직임 은 완전한 팀워크의 결과물이다. 노 젓는 요원, 함포 발사 요원, 화 살쏘는 요원, 방향 잡는 요원 등 전 승조원이 전문화된 기능별 분업 체제이며, 하나의 거대한 공동 운명체이다. 이러한 개별 함선이 수 십 척씩 부여된 임무를 수행하기 위해 일사불란한 행동을 한다는 것 은 매우 힘든 일이다.

특히 오늘날과 같은 레이더나 소나 또는 각종 첨단 지휘 통제 수단이 없던 조일전쟁에서 험난한 바다 상황을 이겨 내며 일사불란한 전투를 수행하는 것은 매우 어려운 일이다.

그러나 이순신은 정걸의 사례처럼 부하와 마음으로 다가서고 소통하여 함께 싸워야 할 목적과 의지를 공유하며 기어이 적과 싸워 이길 수 있는 능력을 갖춘 부대를 만들었다.

이처럼 이순신은 언제나 난관에 부딪히면 신중한 자세로 생각을 하고 다양한 방안을 찾아내 치밀한 전략을 구상했다. 부하 장수들의 의견을 존중해 주고 이들과 전략에 대해 토의하면서 적절한 역할을 분담해서 조직의 시너지를 불어넣었다. 이순신의 승리는 우리에게 어려움에 당당하게 맞설 수 있는 힘과 용기를 준다.

우리 군은 현재 단기복무 장교와 부사관 충원에 어려움을 겪고 있다. 계급 역전 현상과 지휘권 확보 등의 사유로 연령 정년 등에 제한 규정을 두고 있다. 그러나 420여 년 전 이순신의 경우처럼 나이와 관습에 얽매이기보디 연령 정년 연장이나 폐지 등 적극적이고 획기적인 사고로 군의 역량을 강화해 나가는 지혜가 필요한 시점이다.

♣ 조직원이 책임감을 갖고 신나게 일하게 만드는 방법

첫째, 리더는 조직원의 의견에 귀를 기울이고 의견을 물어보면서 아이디어와 지혜를 얻는 환경을 만들어야 한다.

둘째, 조직원의 장점과 특기를 파악하여 개인에게 적합한 역할을 주어 소신 있게 성취감을 얻을 수 있도록 업무 여건을 만들어 줘야 한다. 리더는 조직원의 책임과 권한을 존중하고 시너지가 발휘되도록 리더십을 발휘해야 한다.

셋째, 중요한 안건은 회의를 통해 공유하고 결정하며, 회의는 어떤 의견도 자유롭게 말할 수 있는 분위기를 만들어 다양한 의견과 전략, 전술을 논의하게 하여 치밀한 계획을 완성한다. 그래야만 실행 과정에서 실패를 최소화할 수 있다.

넷째, 환경이나 상황 변화가 있을 경우 수시로 회의와 정보 공유를 하여 각 부문 간의 의견 조율과 역할 변화에 신속하게 대응할 수 있는 체계를 갖춘다. 대면 소집 회의보다 온라인 등 비대면 화상 시스템 등을 최대한 활용하여 불필요한 노력의 낭비를 줄인다.

이순신의 조직 관리는 개인의 장점과 특기를 파악하고 가장 적합한 임무를 부여하여 최대 성과를 얻었다. 이봉수의 염초 개발, 정사준의 정철총통, 나대용의 거북선 등 적재적소의 임무 부여 사례는 셀 수 없을 정도다. 그래서 이순신은 조직관리의 귀재다.

♣ 관계 있는 사람의 마음을 파악하라

모든 일은 원인을 제대로 알면 결과도 예측할 수 있다. 그러니 제일 먼저 원인과 동기를 파악하는 데 집중해야 한다. 열정적인 자는 언제나 실제와는 동떨어진 이야기를 한다. 언제나 질문하는 자도 조심해야 한다. 경솔한 자이거나 염탐꾼일 확률이 높다.

♠ 리더라면 '3의 법칙'을 활용하라

'3의 법칙'을 이용하면 상황을 변화시킬 수 있다. '3의 법칙'은 세 사람이 하나의 상황을 만들어 행동할 때 집단으로 인식되어 주변 사람들도 그 상황에 따른다는 심리학적 용어다. 집단 감정을 만들고 영향력을 확대하여, 전체 구성원의 참여를 유도하고 싶은 리더라면 '3의 법칙'을 기억하고 활용해 보자.

♣ 때로는 의도를 감추고 때로는 내보이며 행동하라

지혜로운 자는 타인의 이면을 파악할 줄 알며, 일부러 모르는 표정도 지을 줄 안다. 적이 의도한 바를 처음으로 보여줄 때는 그냥 흘려보내고, 두 번째, 세 번째의 것을 기다려라. 술책을 숨기기 위해 연기의 방식이 달라질 때 알아차리면 된다.

04

리더는 어떻게 난관을 극복하는가?

리더라면 바른 뜻을 세우고 자신을 다스리는 일에 한시도 게을리해서는 안 된다. 나라와 조직의 흥망성쇠는 리더의 의지와 역량에 달려 있다. 이순신은 자기 철학과 신념이 확고한 리더였다. 류성룡의 《징비록》에는 이순신의 모습을 이렇게 표현하고 있다.

> 이순신은 용기가 있고 지혜가 있으며, 말타기·활쏘기를 잘했다. (중략) **말과 웃음이 적고, 생김새는 우아하고 단정하여 마치 근엄한 선비 같으나, 속으로는 담력이 있었다. 자기 몸을 돌보지 않고 나라를 위해 목숨을 바친 것은 바로 평소 그가 수양한 결과인 것이다.**

또 '당항포해전[47]' 사례를 보면 이순신은 강인하고 올곧은 정신의 소유자였다. 전투 중에 왼쪽 어깨에 적탄을 맞아 중상임에도 강인한 정신으로 독전督戰하였음이 《충무공전서》 행록 1권에 기록되어 있다.

> 그날 공도 **철환을 맞아 왼편 어깨를 뚫고 등에까지 박혀서 피가 발뒤꿈치까지 흘러내렸지만, 공은 그대로 활을 놓지 않고 종일 독전하다가 싸움이 끝난 뒤에 칼끝으로 살을 쪼개고 철환을 파내었는데** 깊이가 두어 치나 되었다. 온 무리가 그제야 알고 모두 놀라지 않는 이가 없었지만, **공은 웃고 이야기해 가며 태연하였다.** (중략) 그가 쓴 편지에는 스스로

조심하지 못하여 적의 철환에 맞아 사경에는 이르지 않았사오나, 어깨 뼈를 깊이 상한 데다가 또 언제나 갑옷을 입고 있으므로 **상한 구멍이 헐어서 진물이 늘 흐르기로 밤낮으로 뽕나무 잿물과 바닷물로 씻건만 아직 쾌차하지 못하여 민망스럽다**고 하였다.

그렇다면 이순신은 어떻게 자기 철학과 신념을 확고히 할 수 있었을까? 이순신 통찰력의 근원은 무엇이고 어떻게 난관을 극복하였을까? 그 해답은 자신을 먼저 다스린 후에 조직을 관리한 것에 있다. 이순신은 활쏘기와 고독, 관찰을 통해 통찰력을 얻었으며 자신을 단련하고 다스렸다. 리더 스스로 자신을 이겨내고 극복해 낼 때 조직의 단결력은 더욱 공고해 진다.

고독에서 길을 찾다

고독은 두려움을 이기는 에너지다. 《난중일기》에는 이순신이 고독하게 사색하거나 잠을 이루지 못했다는 기록이 35회에 달한다. 백성과 부하를 살리고 전쟁에서 승리하기 위한 명장의 고뇌와 가족에 대한 걱정이 잘 나타나 있다.

> **성과 해자 또한 엉성하니 걱정스러웠다.** 첨사가 실력을 다했지만 미처 못 하였으니 **참으로 어찌하겠는가.** 1592년 2월 27일, 《임진일기》
> 영남 수사가 왔고 선전관 성문개가 와서 만나니, 피난 중에 계신 임금의 **소식을 듣고 통곡을 참지 못했다.** 1593년 5월 12일, 《계사일기》
> 전윤田允이이 말하기를 "수군을 거창으로 붙잡아 왔는데, 이편에 들으니 원수 권율이 방해하려 한다."라고 했다. **예전부터 남의 공을 시기하는 것이 이와 같으니, 한탄한들 무엇하랴!** 1594년 1월 18일, 《갑오일기》

홀로獨 빈집에 앉았으니 심회를 스스로 가눌 수 없었다. **걱정에 더욱 번민하니 밤이 깊도록 잠들지 못했다**寢不能寐. 영의정 류성룡이 만약 내 생각과 맞지 않는다면 **나랏일을 어찌할 것인가.**

1594년 7월 12일, 《갑오일기》

촛불을 밝히고 혼자 앉아 **나랏일을 생각하니 나도 모르게 눈물이 흐른다.** 1595년 1월 1일, 《을미일기》

이날 밤 달빛은 대낮과 같고 물빛은 비단결 같아서 **자려 해도 잠을 이루지 못했다.** 1596년 2월 15일, 《병신일기》

고뇌하는 인간 이순신 (통영 삼도수군통제영 소장)

《난중일기》에서 감정과 연관된 TF-IDF값 중심으로 상위 100위의 키워드를 분석해 보면, 마음(1위, 291.857), 불편(2위, 287.253), 생각(3위, 243.835), 다행(4위, 169.190), 걱정(5위, 153.145) 편안(6위, 119.483), 통분(7위, 115.909), 평안(8위, 106.212), 위로(9위, 103.030), 눈물(10위, 101.963) 등이 10위 이내에 나타난다. 이순신은 수많은 전장의 두려움과 마주하였지만 고독에서 자신을 이겨 내고 주저하지 않고 태산 같은 무거운 태도로 리더로서 사안을 결정하고 추진했음을 알 수 있다. 고독 속에서 자신을 이겨 내고 창의적 사고로 전세를 전환하는 결정적 사고의 변환이야말로 리더가 갖추어야 할 정신 자세이다.

《난중일기》 감정 워드 클라우드 《난중일기》의 감정과 연관된 TF-IDF 상위 100개 키워드를 워드 클라우드로 표현한 결과물이다.

"어머님에 대한 그리움의 기록, 천지(天只)"

이순신에게 어머니 초계 변씨草溪 卞氏의 영향은 절대적이었다. 이순신의 용기에는 어머니가 있었다. "잘 가거라. 부디 나라의 치욕을 크게 씻어야 한다."

이 말은 1594년 이순신이 여수 고음천에 피난 중이던 어머니에게 문안 갔을 때 하직을 알리자 어머니가 남긴 말씀이다. 참으로 영웅의 어머니다운 올곧음이 느껴진다. 어머니에 대한 충무공의 지극한 효성은 《난중일기》 곳곳에 묻어난다. 《난중일기》는 어머니 생각으로 시작되며, 어머니를 생각하는 부분이 100회 이상 나온다.

아침에 **어머니께 보낼 물건을 쌌다.** 늦게 아우 여필이 떠나갔다. **홀로 객창 아래에 앉아 있으니 온갖 생각이 들었다.** 1592년 4월 8일, 《임진일기》

한밤중에 홀로 앉았으니, **비통한 마음을 어찌 견딜** 수 있으랴(어머니의 죽음 후 백의종군 길에서) 1592년 4월 21일, 《임진일기》

이처럼 이순신은 가정을 보살피고 노모를 공경하는 지극한 효심을 보였다. 1596년 한산도에서 수군통제사로 재직 중 전쟁이 소강상태에 접어들자 직속상관인 도체찰사 이원익에게 다음과 같은 편지를 보내 7년 전쟁 중 처음으로 휴가를 청원한다. 81세 노모의 수연 잔치를 위한 충무공의 간절한 소망을 담은 이 편지는 받는 사람의 마음을 감동하게 하고도 남았다.

제가 지난날 함경도 건원 군관으로 있을 적에 선친이 돌아가시어 천 리를 부상한 일이 있었사온바, 살아 계실 때 약 한 첩 못 달여 드리고 영결조차 하지 못하여 언제나 그것으로 평생 유한이 되었습니다. 이제 **자친께서 연세 이미 여든을 넘으시어 해가 서산에 닿은 듯 하온 바** (중략) 각하는 이 애틋한 정곡을 살피시어 **몇 날의 말미를 주시면** 배를 타고 한번가 뵘으로 **늙으신 어머님 마음이 적이 위로**될 수 있으리라 생각합니다.

이리하여 이순신은 특별 휴가를 얻어 아산 본가에서 어머니를 위로하고 수연 잔치를 베풀어 드렸다. 이것이 모친과의 마지막 상봉이었다. 충무공의 어머니는 1597년 4월 11일 삼도수군통제사에서 파직된 후 권율 휘하로 백의종군하는 이순신을 찾아가는 배 위에서 83세의 나이로 숨을 거두었다.

이순신은 7년 전쟁 동안 아산 본가에는 한 번밖에 가지 못했고, 부인의 병이 위중하다는 기별을 받고도 진중에 와 있던 아들 회를 보낸 뒤 사흘째 되는 날 《난중일기》에 이렇게 적고 있다.

이날 아침 탐선이 들어와 **아내의 병세가 아주 위중**하다고 한다. 혹시 생사 간에 벌써 결판이 났을지도 모른다. 그러나 **나랏일이 이 지경에 이르렀으니, 다른 일이야 생각할 길이 없다.** 1594년 8월 30일, 《갑오일기》

이충무공과 어머니 모습 (여수시 웅천, 이순신 어머니가 사시던 곳 소장)

"극복할 수 없으면 견뎌 내라"

이순신은 자신 앞에 놓인 고통스러운 현실에서 나라와 백성, 어머니를 걱정하며 고독한 밤을 눈물로 지새웠다. 또 달 밝은 밤이면 고독과 긍정의 힘으로 슬픔과 분노를 극복하고 견뎌냈다.

1595년 5월 8일, 《을미일기》에는 "아들들의 편지가 왔는데 '4일에 종 춘세春世가 불을 내어 집 여남은 채가 탔으나 어머님이 계신 집에는 미치지 않았다'라고 한다. 이것만도 다행이다."라고 쓰고 있다. 긍정의 힘으로 자신을 이겨 내는 리더의 멋진 모습이다.

또 칠천량 해전 이후 12척밖에 남지 않은 상황에서도 "신에게는 아직도 1척이 남아 있습니다."라는 장계를 쓸 정도로 충무공 이순신은 자신의 상황을 차분하고 엄중하게 판단하고 그에 맞는 적절한 판단과 자기 다스림을 할 줄 아는 리더였다.

현대를 살아가는 우리가 배워야 할 자기 다스림이자 철학이다. 리더의 작은 행동 하나는 거대한 물결이 된다. 진정한 리더는 고난을 이겨내며 만들어진다.

활쏘기로 끊임없이 자신을 단련하다

충무공은 활쏘기를 통해 자신을 수련하고 조직의 단결력과 협동심을 높였다. 《난중일기》에 이순신이 활을 쏜 것으로 기록한 날은 241회에 이른다. 심지어 일기를 시작한 첫날(1592년 1월 1일)부터 "장전(長箭)과 편전(片箭)을 받았다."라는 기록이 있다.

몸이 불편하거나 출병, 옥사나 백의종군 기간, 온종일 비가 오는 날, 제삿날이라 활을 쏠 사정이 아닌 한 거의 매일 활을 쏘는 일이 중요한 일과였다. 하루에 세 순에서 열다섯 순, 많게는 삼십 순에 이르며[13] 대개 열 순을 쏘았다고 기록42회한 것이 많다. 1순巡은 5대이므로 한번 쏘면 보통 50대의 화살을 쏜 것이 될 정도로 많은 수의 화살을 쏘았다. 평소 틈만 나면 습사를 통해 단련 했다는 사실을 알 수 있다.

1594년 1월 22일과 25일 《난중일기》 기록을 보면 "아침에 우수사 우후 이정충이 와서 같이 아침밥을 먹고 저녁나절까지 활을 쏘았다."라는 기록도 있고 1596년 6월 4일에는 오전 일곱 순, 오후 열두

---

13) 1596년 6월 4일 《난중일기》에는 오전 일곱 순, 오후 열두 순을 쏴 총 삼십 순을 쏜 기록이 있다.

순을 쏴서 하루에 삼십 순을 쏜 기록이 있을 정도로 충무공은 활을 활용한 자기 수련에 집중했던 것으로 보인다.

또 부하들과 활쏘기를 하였다는 것 등에서 알 수 있듯이 전쟁을 대비하여 늘 연습을 시켰다. 비공식적인 상태에서 장수들과 활쏘기로 서로의 기량을 발휘하며 기꺼이 함께 즐겼다.

《난중일기》에 기록한 충무공의 활쏘기는 세 가지 유형으로 구분할 수 있다. 첫째는 공무가 끝난 이후나 늦게라도 활을 쏘았다는 기록을 통해 활을 통해 자기 수련의 도구로 활용했음을 알 수 있다. 《난중일기》 기록에는 '훈련용 화살을 쏘았다.89회'는 표현이 가장 많고, '활을 쏘았다.19회'가 그다음으로 많다. 둘째는 둘이 쏘거나 여럿이 같이 쏘는 모습이다. 인접 수사나 휘하 군관들과 격의 없이 활쏘기를 약속하고 함께했다.

> 다락 위에 앉아 **군관들을 시켜 갈라 활을 쏘게 했다.** 1592년 3월 15일,《임진일기》
> 우우후와 여도만호가 **활쏘기 시합**을 하여 **여도만호가 7분을 이겼다. 나는 10순을 쏘았고 다른 사람들은 모두 20순을 쏘았다.** (중략) **우리 장수들이 이긴 것이 66번이었다.** 1594년 1월 25일,《갑오일기》
> (중략) 충청 수사와 사도 첨사, 여도 만호, 녹도만호와 활을 20순 쏘았다. 충청수사가 매우 잘 맞혔다. 경상수사가 활 잘 쏘는 군관들을 거느리고 우수사에게 갔다가 크게 지고 돌아갔다. 1594년 6월 14일,《갑오일기》

셋째는 군관이나 다른 사부射夫들에게 활쏘기 시합을 하게 하거나 편을 나눠 으뜸을 겨루게 하는 장면도 10회 확인할 수 있다. 이순신은 군사들의 사기 진작을 위해 편을 갈라 활쏘기를 겨누는 편사를 진행했다.

화살의 종류에 대한 기록은 '철전과 편전을 쏘았다.(13회)', '세 가지 종류의 화살을 쏘았다.(6회)' 가 등장한다. 또 흑각궁[14]과 향각 궁의 활 이름도 나온다.

안골포만호 등과 **철전 5순, 편전 3순, 보통 화살 7순**을 쏘았다. 1596
년 6월 27일,《병신일기》

새로 만든 정철 총통正鐵 銃筒[48]을 비변사로 보내면서 **흑각궁**黑角弓, **과**
녁, 화살을 보냈는데. 1593년 5월 12일,《계사일기》

구분	1592년	1593년	1594년	1595년	1596년
계	27회	9회	64회	66회	75회
월별 / 횟수	1월 4회 2월 8회 3월 8회 4월 7회	2월 1회 3월 3회 5월 3회 6월 1회 9월 1회	1월 3회 2월 10회 3월 1회 5월 1회 6월 17회 7월 12회 8월 10회 9월 8회 10월 1회 11월 1회	1월 2회 2월 2회 3월 7회 4월 11회 5월 16회 6월 13회 7월 11회 8월 3회 11월 1회	1월 6회 2월 8회 3월 4회 4월 6회 5월 10회 6월 22회 7월 15회 8월 4회

이순신 화살 쏘기 현황 《난중일기》에 등장하는 이순신의 활쏘기는 총 241회이다. 1594년부터 1596년까지는 연 60회 이상의 활을 쏘았음을 알 수 있다.

---

14) 흑각무소뿔로 만든 활로 탄력성이 좋아 화살을 멀리 날릴 수 있는 장점이 있다. 주로 전쟁이나 사냥에서 사용하였다.

제3부 다시 보는 이순신 리더십

부하의 사기를 증진하고 화합 단결을 이루기 위한 수단으로 편을 나누어 겨루는 모습은 현대의 지휘관도 눈여겨볼 만한 대목이다.

구분	혼자 쏘기 (수련)	여럿이 쏘기 (결속)	시합하기 (결속)	여흥하며 쏘기 (단합)
횟수	2회	6회	2회	2회

이순신 화살쏘기 유형 이순신은 활쏘기를 다양한 목적으로 활용했다. 자신의 단련을 위한 수단 외에도 함께 단합을 하고 토론하는 장으로 활용했음을 알 수 있다.

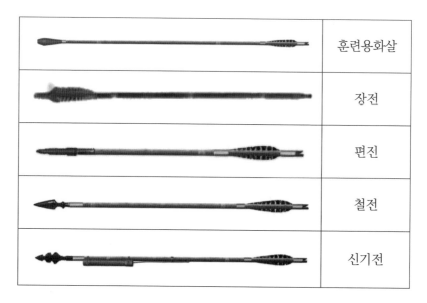

이순신이 사용한 화살 난중일기 기록을 중심으로 보면 훈련용 화살, 장전, 편전, 철전, 신기전 등을 사용한 것으로 보인다. (한국민족문화대백과사전, 전쟁기념관 소재)

장전長箭 : 길이는 84cm 정도이며, 뾰족한 촉으로 되어 있는 살 상용殺傷用 화살로 전투에 널리 사용했던 모든 화살을 통칭한다.

편전片箭 : 길이는 45cm 안팎이고 사정거리는 1,000보 정도다. 애기살이라고도 하며 통 속에 넣어 쏘는 작은 화살이다. 사거리가 길고 날아가는 모습이 보이지 않는 장점이 있다.

철전鐵箭 : 길이는 117~123㎝이며, 깃은 좁고 날이 없는 둥근 철 촉을 달았으며, 사정거리는 80보 혹은 180보이다. 조선시대에 무 과 시험과 습사용으로 사용되었다.

신기전神機箭 : 로켓 추진식 화살 병기로 사거리에 따라 대·중·소 신기전으로 나눈다. 적의 선박을 불태우고 격침하는 목적으로 자 주 쓰였고 신호용으로 사용되기도 하였다.

"충무공의 활 솜씨는 어느 정도일까?" 명궁이다.

1595년 5월 10일 《난중일기》에는 "활 10순을 쏘았는데 많이 맞혔다."라고 썼다. 그런데 1592년 3월 28일 《난중일기》를 보면 그날은 모두 10순을 쏘았는데 5순 몰기, 3순은 4중 2순은 3중을 했다고 시수를 기록하고 있다. 50시놋 중에서 43중中이다. 이순신 자신의 시수를 정확하게 기록한 것은 이날이 유일한데 시수가 특별히 좋아 기록을 남긴 것으로 보인다.

> 동헌에 나가 공무를 보았다. **활 10순을 쏘았는데 5순은 연달아 맞고, 2 순은 네 번 맞고, 3순은 세 번 맞았다.** 1592년 3월 28일, 《임진일기》

당시 이순신의 나이 48세이고 전라 좌수사인 점을 고려하면 50 시 43중을 한 시수는 결코 남에게 크게 뒤처지지 않는 수준이라고 볼 수 있다. 현재 대한궁도협회 기준 8단 정도의 실력으로 82%의

명중률이다. 국궁에는 초단부터 9단까지 있으며 5단 이상을 명궁이라 부른다.[49]

무과 시험에서 활쏘기는 중요한 취재과목이었고 당시의 군영에서 활쏘기는 중요한 훈련의 하나였음을 알 수 있다. 부하 장수들이 활을 열심히 쏘도록 훈련하며 솔선수범했던 이순신의 모습을 엿볼 수 있다.

"충무공은 누구와 함께 활쏘기를 했을까?"

충무공과 자주 활을 쏘았던 인물은 《난중일기》에 50여 명이 등장한다. 순찰사, 장수, 관원, 군관 등에 이르기까지 다양하다. 가장 많이 활쏘기한 인물은 권준(45회)이며, 이순신(33회), 원유남(25회), 이억기(23회), 김완(21회), 박종남(19회)의 순이다. 충무공은 활쏘기를 자기 수련, 인접 지휘관 및 휘하 장수들과 함께 단련하고 토론의 장으로 활용하면서 조직의 단결력과 협동심을 높였다.

순위	인물	직책	횟수
1	권준	순천부사, 경상수사	45회
2	이순신	충청수사	33회
3	원유남	충청우후	25회
4	이억기	전라우수사	23회
5	김완	사도첨사	21회
6	박종남	조방장	19회
7	신호	조방장	17회
8	이응표	가리포첨사	11회
9	이정충	전라우도우후	10회
10	송여종	녹도만호	10회

이순신과 함께 활쏘기 인물 순위 순천부사 권준, 충청수사 이순신, 충청우후 원유남, 전라좌수사 이억기, 삼도첨사 김완 등 활쏘기를 함께했던 인물을 볼 때 활쏘기를 자기 수련, 조직 단합, 토론의 장으로 활용했음을 알 수 있다.

이충무공 수련도 (해군사관학교박물관 소장품 촬영)

엄정한 원칙에서 기강을 세우다

《난중일기》에 기록된 이순신의 군 형법 집행은 모두 96회, 123건
으로 사형 28건, 징역형 36건, 곤장 44건, 감금 및 심문이 15건 등
이었다.[50]

이순신은 군졸은 물론 장수, 즉 첨사(종3품)와 만호(종4품)까지
불러다 곤장을 쳤다. 종4품 이상이면 무관의 품계로 이미 장군의 반
열이다. 현재 계급으로 여단장(준장) 정도의 장군까지 곤장을 쳤다
는 의미이다.

그중에서도 특히 도망병은 끝까지 추적해 목을 잘라 장대에 높이
매달아 장졸들에게 보였다. 일벌백계一罰百戒를 통해 진중의 군기를
엄하게 다스리려는 조치였다.

탈영 다음으로 엄격히 다스린 죄가 근무태만죄였다. 예컨대 군기
軍器 검열에서 훼손이 많고 보수를 제대로 하지 않은 죄(1592. 3. 6.),
탐후선이 늦장을 부려 5일 만에야 돌아온 죄(1593. 6. 18.), 경상 수
사의 군관과 색리가 지휘에 응하지 않고 적의 변고도 보고하지 않은

죄(1594.4.16.), 하동 현감과 해남 현감이 두 번이나 약속 기일을 어긴 죄(1595.4.29.), 광양의 김두검이 복병으로 나갔을 때 순천, 광양 두 수령에게서 이중으로 월급을 받고도 오만한 죄(1595.5.15.), 전라 우수사가 작전상 중요한 때에 본도로 돌아가려고 작심한 죄(1596.2.30.), 장수들이 약속한 기일을 지키지 않은 죄(1596.3.1.), 당포의 어부가 피난민의 소 두 마리를 훔쳐 끌고 가면서 "왜적이 왔다."라고 거짓말로 헛소문을 퍼뜨린 죄(1597.8.25.) 등이다.

이순신은 부하를 즉결 처형함은 물론 수령과 장수들을 군법에 의해 처벌해 달라는 장계를 여러 차례 올렸다. 그뿐 아니라 자기 자신도 처벌해 달라는 장계도 있다. 1593년 4월 6일 《통선 1척이 전복된 뒤에 죄를 기다리고 있음을 아뢰는 장계》이다. 이순신은 지휘관으로서 자신에게 책임이 있으니 처벌해 달라는 《장계》를 올리기도 하였다.

적을 가벼이 여기면 반드시 패배하는 것이 원칙이라고 하였지만 오히려 경계하지 않고 마침내 **통선 1척을 전복시켜 많은 사망자가 생기게 하였는바,** 이는 신이 군사를 다스리는 방법이 좋지 못하고, **잘못 지휘한 때문이므로** 지극히 황공하여 **거적자리에 엎드려 죄를 기다립니다.** 1593년 4월 6일, 《통선 1척이 전복된 뒤에 죄를 기다리고 있음을 아룁니다》

열정적인 관찰에서 통찰력을 얻다

우리는 문제에 직면하면 이것을 해결하기 위해 일정한 패턴과 기준을 갖고 대응한다. 먼저 문제를 관찰하고 성찰[15]한 후에 통찰한다.

---

15) 성찰은 자신의 행동, 경험, 감정을 돌이켜 보고 되짚어 보는 과정에서 발견한 문제를 해결하기 위해 의식적으로 생각하는 것이다. 성찰을 위해서는 자신의 행

무엇인가를 주의 깊게 관찰하고 나의 지식이나 경험, 생각과 연결하는 성찰의 과정을 거쳐 문제의 본질과 해결의 실마리를 찾는 통찰에 이르게 된다. 이러한 과정으로 문제를 해결하고 창의적인 사고나 혁신적인 아이디어를 만들어 낼 수 있다. 결국, 관찰은 통찰력을 얻는 출발점이다.

이순신 또한 하루하루의 열정적인 관찰에서 유사성과 일정한 패턴을 발견하여 통찰력을 얻었다. 관찰을 통해 자신의 상황을 성찰하고 창조적인 아이디어로 통찰력을 발휘했다.

《난중일기》에는 전체 1,614일 중 30여 일을 제외하고 빠짐없이 매일의 날씨를 상세하게 기록하고 있다. 비에 대한 표현은 안개비煉雨, 가랑비細雨, 조금 오는 비作雨, 적당한 비雨, 다소 많은 비雨雨, 소나기驟雨, 큰 비大雨, 장맛비霖雨 등으로 오는 정도에 따라 세부적으로 구분하여 기록했다.

이순신은 '자세히 잘 살펴본다는 뜻의 관觀과 찰察'을 많이 사용했다.[16] 《난중일기》와 《임진장초》에 관觀은 22회, 찰察은 21회 등장한다.

이순신은 자신이 관찰한 결과에 따라 바다 기상에 대비했고, 적군의 상황을 관찰하고 전술을 결정했다. 끊임없는 지형 관찰로 '명량해전'이나 '한산도대첩'과 같은 큰 승리를 거두었다.

동, 경험, 감정에 대한 주의 깊은 관찰이 필요하다. 인간이 가진 선택적 인지를 극복하고 관찰을 잘하기 위해 영국의 시인 존 러스킨은 말로 그릴 것을 권고한다. 오랜 관찰을 통해 나무와 사과를 설명할 수 있다면 선택적 인지를 극복하고 창의력도 길러진다고 주장한다. 나뭇잎을 봤다면 나뭇잎 앞뒷면의 촉감이 어떻게 다르고 모양은 어떠하고 햇살의 각도에 따라 나뭇잎의 색깔이 어떻게 다른지 본 후에 말과 글로 쓸 수 있다면 창의력을 높이는 데 도움이 될 수 있다.

16) 관觀과 찰察은 자세하게 보는 것으로 관觀은 황새처럼 높은 곳에서 전체를 잘 본다는 의미가 포함되며, 찰察은 세밀하고 분명하게 보는 데 중점을 둔다.

흥양현감과 능성현감 황숙도, 만호와 함께 취하도록 마시고, **겸하여 대포 쏘는 것도 관찰하느라**觀 촛불을 한참 동안 밝히고서야 자리를 파했다. 1592년 2월 22일,《임진일기》

식후에 나가서 공무를 보았다. 들으니 한산도 뒷산 상봉에서 다섯 섬과 대마도를 볼 수 있다고 하기에 **혼자 말을 달려 올라가 보니 과연 다섯 섬과 대마도가 보였다.** 늦게 작은 냇가로 돌아와 조방장과 거제 현령과 함께 점심을 먹고 날이 저물어서야 진으로 돌아왔다. 1596년 5월 15일,《병신일기》

관찰에서 성찰을 가져오다

이순신이 회계를 얼마큼 철저히 관리했는지는 그가 체포되어 압송될 때 단적으로 증명된다. 그는 체포 명령을 듣고 본진으로 돌아와 진중의 비품들을 계산해 원균에게 인계했다. 진영 내 군량미는 9,914석이었고, 전함 200척, 화약은 4,000근, 총통은 각 전선에 실어 놓은 것 외에 300문이었다는 내용이 그것이다. 이는 평상시에 자신이 보유한 자산을 매일매일 파악하고, 확인했기 때문에 가능한 것이다.《난중일기》에 회계를 살핀 기록들도 많다. 이순신은 회계에 철저하여《난중일기》가 회계장부의 역할을 했다. 5관 5포[17]의 현황을 정확히 파악하고 장졸 회식, 사역 투입 인원 등을 정확히 기록했다.

늦게 동헌에 나가 공무를 보고 **각 방**房**의 회계**會計**를 살폈다.** 1592년 3월 20일,《임진일기》

아침에 **군량에 대한 회계**를 마쳤다. 1596년 3월 14일,《병신일기》

삼도의 군사에게 **술 1,080 동이를 먹였다.** 우수사와 충청 수사도 같이

---

17) 5관(순천, 보성, 광양, 낙안, 흥양), 5포(사도, 여도, 발포, 녹도, 방답)

앉아 군사들에게 먹였다. 1594년 4월 3일, 《갑오일기》

재목을 끌어내릴 **군사 1,283명에게 밥을 먹이고서** 끌어내리게 했다.
1595년 9월 2일, 《을미일기》

현장에서 답을 얻다

조일전쟁 이전까지 이순신은 매월 최소 3분의 1 이상을 현장을 점검하며 군사 대비 태세를 강화했다. 특히 1592년 1월 16일부터 16일간 5관 5포를 순시하며 현장 점검, 군사 소집, 성벽 점검, 거북선 건조 등을 일일이 확인했다.

구분	동헌 근무	현장 점검
1592년 2월	12일	14일
1592년 3월	13일	7일
1592년 4월	7일	7일
계	60일 중 32일(53%)	60일 중 28일(47%)

평소에 늘 지형을 관찰하고 어떻게 싸울지 현장에서 확인하고 해결책을 고민했던 이순신의 모습은 전쟁 발발 전 현장 시찰에서 쓴 《난중일기》 기록에서 알 수 있다.

점심을 먹은 뒤, 북봉北峰, 여수시 봉화산에 올랐다. 형세를 자세히 살펴보고 둘러보았더니, **외롭고 위태롭게 단절된 섬이다. 모든 방향에서 적(敵)을 맞을 수 있었다**孤危絶島 四面受敵. 1592년 2월 27일, 《임진일기》

개연介硯을 오갔다. 기이한 벼랑이 천 길이다. 강물은 굽이쳐 돌며 깊었다. 또한 절벽과 절벽 사이에 매달은 사다리 길은 위험했다. **이 험한 곳을 움켜쥔다면, 사나이가 만 명이라도 지나가기 어렵겠구나**若扼此險 則萬夫難過也. 1597년 6월 4일. 《정유일기》

제3부 다시 보는 이순신 리더십

1597년 7월 18일 《난중일기》 내용이다. 상황은 칠천량에서 조선 수군이 대패한 뒤에 도원수 권율이 백의종군 중인 이순신을 찾아와 해법을 요청한다. 그때 이순신은 "내가 보고하기를 '제가 바닷가 땅으로 가서, 듣고 본 뒤에 대비책을 정합시다聞見而定之.'라고 했더니, 원수가 아주 기뻐했다."라는 기록이 있다. '현장에서 듣고 본 뒤에' 대책을 세우자고 한 것이다. '문견이정聞見而定'은 현장에서 답을 찾는 모습이다.

　　《난중일기》에서 지역과 연관된 TF-IDF값 중심으로 상위 100위의 키워드를 분석해도 이와 비슷한 결과가 보인다. 본영(1위, 336.600), 바다(2위, 308.688), 섬(3위, 292.073), 동헌(4위, 226.834), 순천(5위, 213.896), 고을(6위, 210.767), 대청(7위, 199.660), 부산(8위, 153.145), 경상도(9위, 152.658), 앞바다(11위, 147.724), 한산도(14위, 125.605) 등이 50위 이내에 나타난다. 이순신이 주요 전장(戰場)으로 삼았던 지역이 주요 키워드로 등장한다.

《난중일기》 지역 워드 클라우드 《난중일기》의 지역과 관련된 TF-IDF 상위 100개 키워드를 워드 클라우드로 표현한 결과물이다.

소통을 위해 이순신이 했던 일

소통은 '상호 간 막힘이 없이 뜻이 잘 통하여 오해를 불식하고 공감을 얻어 내는 것'이다. 경영학의 아버지 피터 드러커는 "기업에서 발생하는 문제의 60%는 잘못된 커뮤니케이션에서 비롯된다."라고 했다.

이순신은 백척간두의 조선을 구하기 위해 다양한 소통을 했다. 최고 의사결정자인 임금과 왕세자에게는 장계와 장달狀達로 소통했고, 조정 대신들과는 서간과 간단한 예물로 소통했다. 도체찰사 도원수 등 상관들과는 전략과 전술로, 휘하의 장수와 장졸들과는 신상과 필벌로 소통했다. 심지어 진린 등 명나라의 지원군과는 실사구시 실용 외교로 소통했다. 백성들과는 무한한 백성 사랑으로 소통했다. 이것이 무장이자 선비였던 이순신의 소통 방식이다.

이순신의 소통력을 후대에서 교훈으로 삼는 이유는 문서나 기록뿐 아니라 행동으로 실천에 옮겼기 때문이다. 전투에 나갈 때마다 부하들과 둘러앉아 전략과 전술을 토론하는 모습, 전쟁과 기아에 지친 장졸들에게 막걸리 1,000여 통을 풀어 위로하는 모습, 수시로 활쏘기와 씨름 대회를 열어 스스로 훈련에 참여하게 하고 체력을 단련시키는 모습, 추위에 떠는 부하에게 입고 있던 옷을 벗어 주는 행동, 피난하는 백성을 위무하는 모습하좌개유, 군사들의 배고픔을 덜어 주기 위해 해로 통행첩을 발행하고 개간을 하게 하는 모습 등은 그 자체가 모두 흐트러지는 마음을 하나로 묶어 가는 위대한 소통의 실천이었다.

병력도 무기도, 물자도 부족했던 이순신은 이런 모든 악조건을 소통이라는 도구를 이용하여 극복하고 승리를 얻어 냈다. 모든 문제의 출발은 소통의 부족이며, 모든 문제의 해결도 소통에서 비롯된다는 것을 이순신의 교훈에서 알 수 있다.

어떻게 하면 훌륭한 리더가 될 수 있을까?

이순신과 같은 훌륭한 리더가 되기 위해서는 상관, 동료, 부하들과 적극적으로 소통하는 것이 중요하다. 토의를 통해 자신이 알고 있는 것이 정말 옳은 것인지를 판단하고 다른 사람의 지식과 경험을 받아들여 지식의 범위를 넓혀 갈 수 있다. 토의가 활성화되면 조직원의 전문성이 높아지고 역량도 향상될 것이다. 그렇게 되면 리더가 제대로 된 방향만 제시해도 조직이 제대로 운영될 수 있다.

AI가 일상화되어도 이를 효과적으로 운용하기 위한 원동력은 결국 인간이다. 챗GPT나 오픈형 AI 등을 사용해 보면 사용자의 질문에 따라 답변의 수준이 결정된다는 것을 알 수 있다. AI는 사용자가 사용하는 문장구조와 어순, 단어 등에 따라 양적, 질적 수준이 다른 답변을 제시한다.

결국, 타인과 격의 없는 토의를 통해 새로운 것을 받아들이고 창의와 비판적 사고를 견지한 인재가 AI를 가장 완벽하게 활용하고 시대를 선도해 나갈 훌륭한 리더가 될 수 있다.

♣ 경쟁으로 활력을 불어넣어라

이순신이 씨름, 활쏘기 대결을 통해 부하들의 사기와 단결력을 극대화한 것처럼 리더라면 단체 운동에도 적절한 승부 게임을 통해 구성원의 동기를 유발하고 참여도를 높이는 다양한 방책을 구상할 수 있어야 한다.

♣ 리더라면 구조적 공백Structural Holes의 확장에 힘써라

Ronald Burt는 정보의 흐름을 통제할 수 있는 위치의 중요성을 강조한다. 그 위치는 집단을 연결하거나 게이트웨이 역할을 하므로 정보 기회가 높고 정보의 흐름을 통제할 수 있는 장점이 있다. 리더라면 이러한 구조적 공백을 확장하는 데에도 노력을 기울여야 한다. 그래야 자신의 조직이 외부의 새로운 정보를 획득하여 기회를 확장할 수 있는 창의력이 높은 조직이 될 수 있다.

♣ 분노의 감정을 다스리는 법

마음을 다스리는 것은 쉽지 않다. 자신의 감정을 잘 다스리는 방법은 상대의 개인적 성향과 주어진 상황을 조화롭게 이해하려는 노력을 하는 것이다. 문제의 본질이 상대의 성향이 아니라 상황에 있다고 이해하면 분노의 감정을 조절할 수 있다. 문제의 본질을 보고자 한다면 상황과 어떻게 만나는지 확인해야 한다. 여러분의 마음을 편안하게 하고 갈등을 줄이기를 원한다면 잠시 숨을 멈추고 이렇게 생각해보자. "그래! 그런 상황 때문일거야!"

♣ 언제나 여유를 가져라

모든 능력과 힘을 한꺼번에 소모하지 말고 위험이 닥쳐올 때 빠져 나갈 여분을 남겨 둬야 한다. 그래야 탁월함과 명망을 돋보이게 할 수 있다. 이순신의 말처럼 행동을 태산같이 하라.

♣ 리더가 되었을 때 조직 관리를 위한 행동 지침

20명의 조직을 관리할 리더가 되었을 때 적용해야 할 행동지침과 일의 순서는 다음과 같다.

첫째, 조직의 규정과 방침, 인원 편성과 편성 예산을 확인하고 조직원의 임무와 역할을 식별한다.

둘째, 임무에 따라 팀을 구분한 다음 팀을 이끌 팀장을 임명하고 면담한다.

셋째, 담당자별로 자신의 임무를 파악하여 보고하도록 지시한다. 보고를 받으면서 필요한 지침과 리더의 생각을 전달한다.

넷째, 조직원이 지켜야 할 규율과 원칙에 관한 사항을 정립하고 조직원에게 공표한다. 임무의 성공과 실패에 따른 상과 벌에 대한 사항도 엄격하게 밝혀 두어야 한다.

다섯째, 계획을 보고받으면 숙고 및 토의를 통해 확정한다.

여섯째, 간담회, 면담 등의 개별활동을 통해 조직원과 공감대가 형성되고 나면 단체 회식, 단체 체육 활동, 단합 대회 등을 통해 조직원의 일체감을 공고히 한다.

일곱째, 독립된 조직의 책임자에게 가장 중요한 것은 조직의 미래와 나아갈 방향에 대한 비전을 명확히 하는 데 있으며, 그것을 위해 당장 해야 할 것과 중·장기적으로 해야 할 과업을 구분해 내는 것이 중요하다.

05

리더의 선택은 무엇이 다른가?

군자는 태연하면서도 교만스럽지 않아야 하고 위엄이 넘치면서도 사납지
않아야 한다. 단정한 용모, 밝은 표정, 진지하고 당당하며 의연한 모습.
당신은 리더인가? 창고지기有司인가? -명심보감-

조직을 변화시키는 방법은 기존의 관행과 규정을 다시 만드는 혁
신과 패턴을 새롭게 만들어 가는 방법이 있다. 이순신은 기존의 관
행과 규정을 깨고 새로운 규칙을 만들어 내는 영웅적 모습을 보여
줬다. 독자적인 한산도 진중 무과시험을 통해 인재를 선발하고 어로
통행첩 발행과 농경지를 개간하여 식량을 확보하는 등 관행과 질서
를 새롭게 만들어 갔다. 이러한 혁신적인 변화는 이순신이 자신만의
통찰력을 갖춘 위대한 인물이기에 가능했다.

현대를 사는 우리는 이러한 방식 외에도 자신이 속한 조직에서 관
행과 규율을 지키면서 일정한 패턴을 깨는 작은 변화를 통해서도 조
직의 변화를 가져올 수 있다. 이 방법 또한 자신을 희생하고 많은 에
너지를 투입하는 노력이 수반되어야 가능하다. 그러나 더 나은 사회
와 조직을 후손에게 남겨 주기를 원하는 리더라면 긍정적인 조직의
변화를 선도하는 노력을 기울이는 것이 필요하다.

한산도 무과시험, 새로운 관행과 규칙을 만들다

남도의 외딴섬에서 치러진 한산도 진중 무과시험은 단순한 시험

이 아니라 새로운 관행과 규칙을 만든 큰 변화이자 발전이었다. 한산도 진중 무과는 전쟁에 지치고 과거 응시조차 불가능했던 부하들에게 내일의 희망을 주고 사기를 진작시킨 행위였다.

이 진중 무과를 치르는 일에는 저항도 있었다. 이순신의 상관이자 순찰사였던 이정암은 1593년 12월 23일 공문에 '동궁이 전주로 내려와 하삼도의 무사들에게 과거 시험장을 열고 인재를 넉넉히 뽑으려 하니 유능한 인재가 빠지는 일이 없도록 하라'고 공문을 보냈다. 그랬던 이정암은 한산도 진중 과거시험을 건의하는 이순신에게 '진중에서 과거시험을 설치하자고 장달을 올려 여쭌 것은 매우 잘못되었으니 그 죄를 물어야 한다'며 오히려 발목을 잡기도 했다.

이순신은 이 일을 1594년 2월 4일 《갑오일기》에 이렇게 적고 있다. "순찰사 이정암의 공문에 '진중에서 과거시험을 치르게 해 달라고 동궁께 여주는 장달狀達을 올린 것이 아주 어긋난 것이니, 죄의 유무를 조사할 것'이라고 했다. 우스운 일이다. 우스운 일이다." 이처럼 한산도 진중 무과시험은 당시 상황을 볼 때, 결코 쉬운 일이 아니었다.

이순신의 1593년 12월 29일, 《장계》를 보면, 한산도에서 별도로 무과시험을 치러야 하는 이유를 소상히 적고 있다. 물길이 거칠어 기한 내에 전주부 시험에 도착하지 못하는 사정, 적과 대치하고 있는 상황, 수군 소속 군사들에게 별도의 시험 응시 기회를 주어 위로하고자 하는 취지 등을 적어 조정을 논리적으로 설득하고 있다.

> 이달 12월 23일 도착한 겸 순찰사 이정암의 공문은 "이번에 동궁께서 전주로 내려와 하삼도에 과거 시험장을 열고 인재를 뽑는다."는 내용이었다. **12월 27일 전주부에다 과거 시험장을 개설**하셨다 하니 진중에 있는 군사들이 모두 즐거이 응시하고자 합니다. 그러나 **물길이 너무 멀**

어 제 기한 내에 도착하지 못할 뿐 아니라 적과 서로 대치해 있는 때에 군사들을 일시에 보낼 수도 없는 일입니다. 하여 수군에 소속된 군사들만이라도 **한산도 진중에서 시험 보아 이들의 마음을 위로**해 주는 것이 좋을 듯합니다. 1593년 12월 29일, 《진중에서 과거 보는 일을 청하는 장계 請於陣中試才狀》

또한, 이 별시에서 수군 소속 군사 선발은 기사 대신 편전으로 시험을 진행했음을 알 수 있고, 남쪽 지방 무사武士들의 마음을 위로하고자 하는 취지도 있음을 알 수 있다.

(중략) 앞으로 **수군에 소속된 군사들만은 경상 지방의 전례에 따라 진중에서 시험 보아 그들의 마음을 위로**해 주어야겠습니다. 다만 규정으로는 말을 타고 달리면서 활 쏘는 것騎射이 있는데, 먼바다와 외딴섬에는 말을 달릴 만한 땅이 없으니, **말을 달리면서 활 쏘는 것은 편전**片箭을 **쏘는 것으로서 재능을 시험 보면 더욱 좋을 것**으로 생각되어 감히 품고 稟告합니다. 1593년 12월 29일, 《진중에서 과거 보는 일을 청하는 장계 請於陣中試才狀》

이러한 여러 어려움을 극복하고 마침내 1594년 4월 6일부터 9일까지 한산도에서 과거시험이 열렸고 그 사실이 《난중일기》에 기록되어 있다.

별시[18] 보는 과거 시험장을 열었다. **시험관은 나와 우수사 이억기, 충청 수사 구사직**이고, **참시관**参試官, 시험감독관은 **장흥 부사 황세득, 고성 현령 조응도, 삼가 현감 고상안, 웅천 현감 이윤룡으로 하여 시험 보는 것을 감독**하였다. 1594년 4월 6일,《갑오일기》

일찍 모여 **시험을 보게 했다.** 1594년 4월 7일,《갑오일기》

몸이 불편하였다. **저녁때 시험장으로 올라갔다.** 1594년 4월 8일, 《갑오일기》

아침에 **시험을 마치고 합격자 명단 초방**草榜[19]**을 내붙였다.** 1594년 4월 9일,《갑오일기》

4일동안 치러진 이 진중 별시[20]에서 무려 97명이 홍패합격증를 받았다. 이는 이순신이 식년 무과에 급제할 당시 29명에 비하면 3.5배에 달했으니 미래 군관을 선발한 의미가 상당함을 알 수 있다. 한산도 무과 시험은 신분 사회 조선의 새로운 관행과 규칙이 되었다.

리더는 선택하는 사람이다

선택Select은 무언가를 분리Se해서 취한다Lectus는 의미다. 무언가를 얻는 동시에 무언가를 버리는 행위이다. 통상 이러한 선택은 정보를 통해 감각과 직관을 가지고 이루어진다.

최근 주목받는 MBTI는 리더를 구별하는 4가지 선호 지표를 제공하고 있다. 감각Sensing과 직관Intuition, 사고Thinking와 감정

---

18) 나라에 경사慶事가 있을 때나 특별히 인재의 등용이 필요한 경우에 식년시式年試 외에 임시로 시행하는 과거시험이다.

19) 과거시험에 급제한 사람의 성명을 나열하여 적은 초본이다.

20) 별시는 3년마다 치르는 정기 시험인 식년시 외에 별도로 실시하는 과거시험이다.

Feeling, 판단Judging과 인식Perceiving이다. 감각Sensing형은 실제의 경험을 중시하면서 사실적이고 구체적으로 판단하지만 전체 숲보다 나무에 집중하는 경우가 있다. 통상 일 처리는 꼼꼼하고 철저하며 성실과 근면으로 상징된다.

반면 직관Intuition형은 상상적이고 영감적이며 풍부한 아이디어를 선호한다. 나무보다 전체 숲을 보려는 경향이 강하다. 일처리는 대체로 신속하며 반복적인 것을 꺼리며 새로움을 추구한다. 이러한 구별 기준으로 보면 이순신은 직관형으로 평가할 수 있다. 이를 증명할 수 있는 사례가 약무호남 시무국가若無湖南 是無國家이다. 일본군의 침략을 전략적 관점에서 대비했던 이순신은 호남을 지키지 못하면 일본군을 막기 어렵다는 점을 간파했다.

삶은 대부분 선택에 달려 있다. 현명한 선택을 하는 사람은 곤란한 분쟁의 한가운데서 노련하게 미소 지으며 빠져나온다. 무엇인가를 거절해야 할 때 화제를 돌리는 것은 예의 바른 술책 중 하나다. 우리는 주로 정보에 의지해 선택한다. 그러나 사실에는 감정의 혼합물이 섞여 진실이 되어 온다.

그러므로 자신을 칭찬하는 자에겐 귀를 기울이고 질책하는 자에겐 조심하라. 의도를 보고 감정의 혼합물을 걷어 낼 수 있을 때 바른 선택을 할 수 있다.

그렇다면 선택의 기준과 근거는 무엇일까? 일반적으로 선택을 하고 결정을 내릴 때 기준과 근거가 있다. 통상 사고형Thinking은 집단 중심으로 판단한다. 객관적 진실, 규범과 기준을 중시하며 원리와 원칙에 입각하며 대체로 논리적이고 분석적이다. 감정형Feeling은 개인을 우선하여 판단한다. 사람과의 관계를 중시하며 보편적인 선을 중시한다. 상황적이고 포괄적이며 의미와 영향을 우선하여 판단한다. 또한 나에게 주는 의미를 중시한다.

리더는 어떤 행동을 해야 하는가?

진짜 능력 있는 리더는 긍정적 영향력을 통해 타인을 긍정적 행동으로 이끄는 사람이다. 논리 이상가 이순신은 신념이 강하고 토론을 선호하며 성취욕도 강하다. 무한 긍정주의와 낙관주의자였다. 이는 《난중일기》 기록에서 알 수 있다.

> 날이 저물어서야 방답에 이르러 인사를 마치고 무기를 점검했다. **장전과 편전은 쓸 만한 것이 하나도 없어서 걱정했으나, 전선戰船은 그런대로 완전하니 기쁘다**差完可喜 1592년 2월 26일, 《임진일기》

리더라면 자신이 처한 상황이 아무리 어렵고 험난할지라도 조직의 목적과 목표가 명확하고 명분이 확실하다면 자신과 조직원을 믿고 의지하며 앞으로 나아갈 용기가 있어야 한다.

진인사대천명盡人事待天命, 일이 끝나면 그뿐 결과에 연연하지 않는다. 통찰력 있는 리더라면 지나간 일을 되짚어 앞날의 발전에 참고할 뿐, 이미 끝난 일이 가져올 결과를 두고 염려하지 않는다. 이순신 또한 매사에 집중하여 최선을 다하고 난 후 결과에 대해서는 좌고우면 하지 않고 의연하게 대처했다.

"성공과 실패, 날쌔고 둔한 것에 대해서는 신이 미리 헤아릴바가 아닙니다." '명량해전'에서 기적적인 승리 후에 그는 "이는 오직 하늘이 도운 것이다."라며 담담한 심경을 일기에 적었을 뿐 논공행상의 결과에 초연했다.

이순신에게 중요한 것은 오직 진력을 다해 싸워 나라를 구하는 것뿐이었다. 이러한 신념으로 정성을 다했기에 누란의 조선을 구할 수 있었다. 주위 평판에 흔들리지 않는 소신과 통찰력을 갖는 것, 이 시대와 이순신이 바라는 리더의 모습이다.

리더의 합리적 판단 기준, 목·수·침·법!

내가 하는 행위가 특정한 책임과 충돌할 때 우리는 어떤 판단을 내려야 할까? 합리적 판단을 위한 좋은 기준이 있다. 기본권을 제한할 때 그 제한은 목적과 균형을 유지해야 한다. 이를 기본권 제한에 있어 비례의 원칙이라고 하며, 기본권의 제한에는 보충성의 원칙이 적용되어야 한다. 이 '과잉금지의 원칙비례의 원칙'은 오늘날 법의 일반원칙으로 공사법에서 널리 통용되고 있으며 헌법 제37조 제2항에서 근거를 찾을 수 있다.

헌법재판소는 기본권 제한 입법이 '목적의 정당성, 수단의 적합성, 피해의 최소성, 법익의 균형성'을 갖추어야 하며, 이 중 어느 한 요건이라도 충족하지 못하면 그 입법은 위헌입법이라고 보고 있다.[51] '목적의 정당성'은 기본권을 제한하는 입법은 국가안전보장, 질서유지, 공공복리를 위한 정당한 목적이어야 하며, 불가피한 경우에 한해 최소한으로 그쳐야 한다. '수단의 적합성'은 기본권 제한의 목적과 기본권 제한이라는 수단 사이의 관계가 적합하여야 한다. '피해의 최소성'은 목적을 달성하는 데 적합한 수단이 여러 개 있을 경우 최소한의 기본권 침해를 가져오는 방법을 선택해야 한다.[21] '법익의 균형성'은 보호하려는 공익과 침해되는 사익을 비교 형량할 때 보호되는 공익이 더 커야 한다는 원칙이다.

수많은 문제와 갈등, 선택의 순간에 직면할 때 합리적 판단의 기준으로 목·수·침·법을 생각하고 활용하자.

---

21) 기본권 행사의 방법에 관한 규제를 시도한 후에 기본권행사의 여부에 관한 규제를 선택하여 최소한으로 기본권을 침해해야 한다.

제3부 다시 보는 이순신 리더십

이순신이 되어 생각해 본다

1597년 7월 16일, 칠천량에서 패한 조선 수군은 한산도까지 무너져 싸울 의지조차 없는 최악의 상황이었다. 그러나 이순신은 백의종군에서 대승한 이후 9월 16일, 전라 우수영으로 진을 옮겨 새로운 전투를 준비한다. '명량해전'이다. 이때 이순신은 최악의 조건이었다. 군사는 패잔병 1,500여 명에 12척의 잔선이 있었다. 연안에서 모집한 군사 120명을 합해도 겨우 13척의 1,600여 명뿐이었다. 반면 적선은 333척이었다.

여러분이 이러한 상황이라면 어떻게 이를 극복할 것인가? 너무도 막막하고 눈물이 날 지경이다. 우리는 이순신에게 배워야 한다. 절체절명의 급박한 상황에서 이순신은 부하를 다그치는 것이 아니라 승리를 다짐하며 이길 수 있는 방법을 차분하게 제시한다. 리더가 가야 할 길이다.

> 적선 133척이 우리 배를 둘러쌌다. (중략) 배 위의 군사들이 서로 돌아보며 놀라 얼굴빛이 질려 있었다. **나는 부드럽게 타이르면서 "적이 비록 천 척이라도 감히 우리 배에는 곧바로 덤벼들지 못할 것이니, 조금도 동요하지 말고 힘을 다해 적을 쏘아라."**라고 말했다. 1597년 9월 16일,《정유일기》

이렇게 군사들의 마음을 다잡아 놓고 장수가 앞장서 싸우니 부상자 2명에 적선 31척을 쳐부수었다. '명량해전'은 전투의 결과에서도 과정에서도 조선 수군과 이순신의 완전한 승리였다.

달리는 말에만 먼지가 난다

리더가 조직의 목표 달성을 위해 달리다 보면 마찰, 저항의 먼지가 생길 수 있다. 그러나 리더라면 먼지를 피하거나 외면하기보다는 먼지가 나더라도 목표를 향해 말고삐를 당길 용기가 있어야 한다. 모든 리더가 먼지가 무서워 국가와 조직의 목표 달성을 위한 어려움을 외면한다면 국가도 조직도 발전할 수 없다.

이때 반드시 뚜렷한 목표의식, 강한 책임감, 성과 달성을 위한 조직원의 자발적 참여 유도를 고려해야 한다. 조직의 목표 달성을 위해 달리다 보면 어느새 결승점에 다다를 것이다. 수많은 시기와 질투, 견제를 이겨 내고 나라와 백성을 지켜 낸 이순신처럼.

제3부 다시 보는 이순신 리더십

♣ 정책적 측면의 문제란 무엇인가?

갈수록 행정 사안은 복잡하고 다양해지며 관련 정보는 폭주하고 있다. 수집된 정보를 효과적으로 가공하여 문제 해결로 연결할 수 있는 역량Competency이 중요한 시대다.

문제의 핵심을 꿰뚫어 볼 수 있는 문제 파악 능력, 문제 인식을 위해 관찰된 현상과 관련된 정보를 구조화하는 능력인 정보의 구조화, 문제의 근본 원인(문제점)을 규명하는 능력인 원인 규명의 기초적인 역량이 21세기 리더에게 요구된다.

♣ '비폭력의 두 손'을 활용하자

곤란한 부탁의 상황에서 거절은 쉽지 않다. 그러나 거절Refuse은 관계를 단절하는 것이 아니라 Re다시 + Fuse융합, 즉 관계를 다시 융합하는 것이다.

이럴 땐 단호한 거절과 동시에 자신이 할 수 있는 부분의 양해를 덧붙여라. 거절이 빠진 빈 곳은 반드시 정중함으로 메워야 한다. 지혜로운 거절은 책임 있는 행동이다.

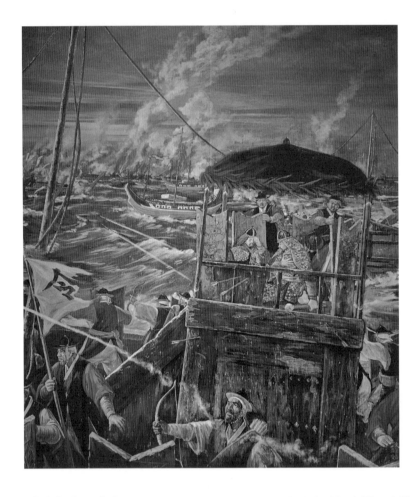

노량해전 전투 장면 이순신은 최후의 순간까지 독전의 북을 치며 적을 섬멸하고자 했다. 나라와 백성을 사랑하는 이순신의 정신과 혼은 우리에게 이어져 계속될 것이다. (국가유산청 현충사 관리소, 옥포대첩기념관, 삼도수군통제영 소장)

제 4 부

후손들에게 告함

"원수를 무찌른다면 지금 죽어도 여한이 없다.
차수약제 사즉무감 此讐若除 死則無憾"

- 이순신 -

"전선의 수는 비록 적지만 제가 죽지 않고 살아 있는 한 적은 감히
우리를 깔보지 못할 것입니다 戰船雖寡 微臣不死 則不敢侮我矣."

- 이순신 -

01

기억하지 않는 역사는 되풀이된다

역사는 '과거에 있었던 사실'과 '조사되어 기록된 과거'라는 두 가지 의미가 있다. 과거에 있던 사실에다 역사가의 해석을 더해 우리는 그것을 역사歷史라고 한다. 그러나 역사는 단순한 사실의 기록에 그칠 수 없다.

역사학자 E.H.카는 "역사는 현재와 과거의 끊임없는 대화"라는 유명한 말을 남겼다. 그래서 역사는 우리의 현재이자 미래다. 역사에서 교훈을 찾고 끊임없는 자기반성과 변화와 발전을 가져와야 한다. 조일전쟁과 이순신의 삶에서 우리는 어떤 역사를 기억하고 후세에 전할 것인가?

일본에 의해 저질러진 7년간의 조일전쟁으로 조선의 경제는 황폐화하고 굶어 죽는 백성이 속출했다. 조선 인구의 3분의 1이 죽거나 다쳤으며 포로로 잡혀갔고 농토는 5분의 1로 줄어들었다. 그 결과 곡식 생산량이 감소하면서 백성의 생활은 곤궁해졌고 아사자가 폭발적으로 늘었으며 사회 혼란이 가중되었다. 이처럼 전쟁은 참혹하고 그 결과는 비참하다. 우리가 기억하고 교훈을 얻어 극복해야 할 역사다.

조일전쟁 개전 초기 일본군이 무혈상륙하며 개전 20일 만에 한양, 40일 만에 평양을 함락한 데는 조선의 진관체제鎭管體制[52]와 방왜육전론防倭陸戰論을 중심으로 한 조선의 대비 태세 허점이 한몫했다.

조선의 진관체제는 지역 책임제의 군사력 동원 및 운영제도였다. 8도를 기준으로 도별로 1~2개의 병영兵營과 수영水營을 편성하고 책임자인 병사兵使와 수사水使가 관할 행정구역 내의 인력과 자원을 동원하고 관리하는 자수자전自守自戰 체제였다. 특히 조일전쟁 직전에 이 진관체제가 제승방략制勝方略[22] 체제로 바뀌면서 지역별로 군사력을 집중 운용하면서 중앙에서 파견된 도원수都元帥가 현지의 육군과 수군의 군사력을 통할 지휘할 수 있게 했다. 이는 지휘 공백은 물론 지휘체제의 중복과 갈등을 유발하여 극심한 혼란을 가져오는 폐해를 낳았다.

게다가 수군은 이른바 '방왜육전론'으로 바뀌었다. 해전능력이 뛰어난 일본군을 해상에서 상대하기보다 육지로 끌어들여 격퇴하는 전략이다. 그 결과 수군과 육군의 구분이 모호해졌고 결과론적으로 수군은 약화될 수밖에 없었다. 35만여 명의 일본군이 무혈상륙하여 조선의 진과 성을 단숨에 제압하고 일사천리로 북상한다.

그러나 이순신의 생각은 달랐다. 백병전이 일본 수군의 강점임을 알았던 이순신은 바다에서 싸우는 것이 육전보다 훨씬 유리한 선택이라고 판단했다. 조일전쟁 전에는 방왜육전론에 따라 수군을 육군으로 훈련할 것을 조선 조정으로부터 요구받았고 전쟁 중에는 수군을 육군에 합류하도록 여러 차례 요구받았지만, 이순신은 따르지 않았다.

이러한 이순신의 유연한 대응력은 빛을 발한다. 제승방략 체제는 반대로 지휘체계에서 장점도 있었다. 수사가 연해안 관하의 수군을 직접 관장함으로써 종래 이원적 지휘체계에서 단일 지휘체계로 바

---

22) 유사시 중앙에서 파견된 지휘관이 지방군을 이끌고 적침에 맞서는 체제다. 이 체제는 지휘관이 전장 지형과 군사훈련 정도 등 현지 사정에 어두운 약점이 있다 보니 정규군과 벌이는 전면전에서 한계를 보였다.

꿰었다. 이순신은 전라좌수영 소속 5관을 직접 관할하여 소형 병선을 대형 판옥선으로 전환시킴으로써 일본 수군보다 전선戰船면에서 우위에 설 수 있었다.

귀 무덤을 코 무덤으로 바꾸다

현재 일본 교도京都에는 이총耳塚이란 비석과 무덤이 있는데 일본 국립박물관 뒤쪽의 도요토미를 안장해 놓은 절과 신사 건너편에 있다. 귀 무덤耳塚이라는 설명판이 세워져 있지만 그 잔학상을 은폐하기 위해 원래의 비총鼻塚 코 무덤을 이총으로 바꾸어 놓았다.

이 속에 우리 선조 12만 6,000명분의 코가 묻혀 있다. 조일 7년 전쟁을 통해 일본군이 베어 간 코의 총수는 조선 사람의 코 185,738개와 명나라 사람의 코 29,014개를 합쳐 214,752개로 추산된다.[53]

《난중일기》에 보면 적의 함선 속에 포로가 되어 탈출해 온 어린 여자 포로의 얘기가 나온다. 류성룡의 《징비록》에도 '적은 3도를 짓밟았으며 천 리에 걸쳐 창을 휘두르고 불을 질러 적이 지나간 자리는 거의 초토화됐다. 우리나라 사람들을 잡으면 그 코를 모두 베어 위세를 과시했다.'라고 기록하고 있다.

일본이 코 무덤을 만든 것은 도요토미 히데요시가 사망한 후 300년이 되는 1898년, 일본의 조선 침략을 상징하고 정당화하는 유물로 사적지로 지정되어 전 세계 관광객에게 구경거리가 되고 있다. 이 코 무덤은 교토 외에도 후쿠오카현 카시이, 오카야마현의 히젠시와 츠야마시, 가고시마성 부근에도 있다고 한다.

한 나라와 사람에게는 흥망성쇠興亡盛衰가 있기 마련이다. 그것이 역사가 전해 주는 교훈이다. 천 년의 고구려(705년), 백제(678년),

신라(992년)가 그러했고 조선(518년) 또한 그랬다. 옛일을 거울로 삼으면 흥興, 망亡, 성盛, 쇠衰를 가늠하게 된다.

이순신 역사는 살아 숨 쉬며 미래로 달린다. 충무공 이순신의 혼과 사상이 후손들에게 살아 꿈틀거려 제2의 이순신이 되어야 하지 않겠는가? 이 나라를 지켜내야 할 것이다. 이순신이 꿈꾸던 백성이 편안한 세상, 그 꿈을 후손들이 이뤄 나가야 한다. 코 무덤의 조선인 원혼들이 흘리는 눈물이 가슴속까지 저려 온다. 투키디데스는 경고하고 있다. "역사는 영원히 되풀이된다."

♣ "눈뜨고 코베인다."라는 속담은 어디에서 왔을까?

순묵불극 혹상궐비瞬目不亟 或喪厥鼻. 다산 정약용이 편찬한 속담집 '이담속찬'에 담긴 글귀로, 눈 깜빡임을 빨리하지 않으면 코를 잃는다는 뜻이다. "눈 뜨고 코 베인다."라는 속담으로 전해져 우리에게 더없이 친숙한 말이지만, 슬픈 역사에서도 그 유래를 찾을 수 있다.

조일전쟁(1592~1598) 당시 일본은 무사들의 적극적인 전투 참여를 독려하기 위해 조선 백성의 코와 귀로 전공을 가렸다. 일본군은 조선인의 귀와 코를 베어 전리품으로 가져가는 만행을 저질렀다.

살아 있는 사람의 코와 귀를 베는 일도 허다했다. 여기서 "눈 뜨고 코베인다."라는 속담이 유래했다. 일본에는 12만여 명의 조선인 귀와 코를 묻은 것으로 전해지는 교토의 귀무덤을 비롯한 많은 귀무덤이 발견됐고, 2023년엔 여섯 번째 귀무덤이 추가 발견되었다. 귀무덤을 조국으로 봉환해야 한다.

♠ '에비'를 아시나요?

일상생활에서 가끔 쓰이는 '에비'라는 단어가 있다. 보통 어린아이들이 울 때 '에비'라고 하는 경우가 있는데 이것은 이비귀 무덤가 '에비'로 변환된 말이라고 한다. 가슴 아프고 슬픈 역사다.

02

과거를 멀리 볼수록 더 먼 미래를
대비할 수 있다

우리는 흔히 과거를 깊고 정확하게 분석해 낼수록 더 깊고 먼 미래를 대비할 수 있다고 이야기한다. 총신이 길수록 명중률도 높고 살상력 역시 높다. 역사 속 수많은 전쟁의 경험에서 새로운 위협, 신무기 체계의 개발, 새로운 형태의 전쟁 수행 방식을 찾아내는 교훈을 얻는다. 전쟁은 과학기술의 발전, 전략의 변화, 문명의 전환으로 순환되는 상호작용과 발전의 결과물이다.

그러므로 전쟁에 대한 우리의 인식도 국제 안보 상황, 무기체계발전, 전략의 변화, 군사기술의 진전과 같은 다양한 요소의 상호 복합작용이라는 포괄적이고 종합적으로 바뀌어야 한다.

역사를 보면 해답이 보인다

영국 시인 바이런은 "가장 뛰어난 예언가는 과거다."라고 말했다. 아무도 미래를 정확히 예측할 수 없으므로 어디로 가려는지 알고 싶거든 어디서 왔는지 먼저 돌아보라는 의미다. 과거를 돌아봄으로써 앞으로 다가올 미래를 상상할 수 있다.

이순신과 그의 함대는 7년 전쟁에서 적선 935척을 격침시키고 적병 12만 6천여 명을 수장시킨 대승전을 이룩하여 조선과 조선 백

성을 지켜냈다. 따라서 420여 년 전 23전 23승, 전승 신화를 일궈
낸 이순신의 전쟁 수행개념을 연구하여 종합적이고 전략적인 미래
전쟁 대비 방향을 제시하여야 한다.

피나는 훈련으로 전투 태세를 갖추다

이순신의 승리 비결은 실전 같은 훈련과 전투태세 완비에 있다.
이겨 놓고 싸우기 위한 조건이다. 수군은 전선戰船마다 포수와 살수,
사수 등 전투 요원과 지원 요원(격군, 신호수, 관측수)이 즉각 전투
에 임할 수 있는 태세를 갖추고 있어야 한다. 이를 위해서는 반복적
인 훈련을 통해 전투 행동이 몸에 익어야 하며, 태세를 유지하기 위
한 기강의 확립도 중요하다.

이순신이 전라 좌수사로 부임한 후 110일간의 《난중일기》에는
수군 훈련에 전력을 쏟은 흔적이 고스란히 보인다. 점검과 순시 15
회, 활쏘기 29회, 대포 쏘기와 거북선 준비 등이 15회, 부정과 비리
등을 조사한 일이 5회였다. 약 70%를 피나는 훈련과 전투태세를 갖
추는 일에 할애했다. 이순신의 의기와 헌신은 태산같이 높고 깊다.

우리는 어디로 가야 할까?

신채호 선생은 "역사를 잊은 민족은 희망이 없다."라는 말로 역사
에서 교훈을 찾고 대비해야 함을 강조했다. 오늘도 국가의 흥망성쇠
는 계속되고 있음을 잊어서는 안 된다. 그리고 더 중요한 것은 더 나
은 방향으로 변화해 가기 위해 실행해 나가는 것이다. 이 땅을 딛고
살아가는 후손들이 살아가는 즐거움을 느낄 수 있는 행복한 대한민
국, 생생지락生生之樂의 세상을 꿈꿔 본다.

♣ 율곡 이이, 10만 양병설의 요체

조일전쟁 발발 9년 전인 1583년 병조판서로 재직 중이던 율곡 이이는 국방의 당면 과제 여섯 가지 시무육조時務六條를 건의했다. 그 핵심이 10만 양병론이다.[54]

① 양군민養軍民 : 군사와 백성을 양성할 것
   - 서울에 2만, 각 도에 1만 명 상비군을 양성하여 배비한다.
② 족재용足財用 : 국가 재정을 충족시킬 것
   - 1년분 군량미를 비축하고 1년간 재정수입·지출 균형을 유지한다.
③ 고번병固藩屏 : 국경을 견고하게 지킬 것
   - 서울을 중심으로 주위 4방에 병풍처럼 성을 설치하여 수도권을 고수 방어한다.
④ 비전마備戰馬 : 전쟁에 쓸 군마를 준비할 것
   - 군마를 양성하기 위해 마적을 정비하고 보병을 기병화하여 기동력을 강화한다.
⑤ 명교화明教化 : 백성을 가르쳐 좋은 방향으로 나가게 할 것이다.
   - 군사를 예禮로써 가르치고 의義로써 가다듬어 치恥를 알게 함으로써 군 기강을 확립한다.
⑥ 임현능任賢能 : 어질고 똑똑한 인물을 임용할 것
   - 유능한 자의 등용 및 적재적소 보직으로 공평한 병역과 인사 처리를 도모하고 군의 비리를 척결한다.

03

진정한 무인의 길, 지과止戈

드라마 〈불멸의 이순신〉 대사 중 "지과止戈는 창과 그칠지, 창을 그친다는 의미다. 창을 그치는 것은 모든 폭력과 살육을 온전하게 멎게 하는 것, 이것이 진정한 무의 길이니라."라는 구절이 있다.

> 武라는 글자는 지止, 그칠지, 과戈, 창과니라. **창을 그친다는 의미다.** 창을 그치는 건 **모든 폭력과 살육을 온전하게 멎게 하는 것**, 이것이 진정한 무의 길이니라. 섣불리 칼을 뽑아서도 아니 되지만 네가 뽑은 칼이 부당하게 흐트러진 창을 걷어내기 위함이라면 흔들리지 말아라, 이것이 야말로 심안心眼으로 세상을 보지 못하는 자가 범하는 우愚다. **흔들리고 미혹된 마음을 베는 자 이것이 진정한 무인이니라. 이 나라 조선을 향하는 침탈의 창끝을 모두 거둬낼 때까지 절대 이 칼을 손에서 놓지 마라**

이처럼 싸움을 나타내는 무武에는 의미심장한 내용이 있다. 중지한다는 뜻의 지止와 창이라는 의미의 과戈가 합쳐져 이루어진 글자다. 즉 무인이란 창 쓰는 일을 중지시키는 사람이다. 역설적이다. 군인이란 창 쓸 일을 없게 하려고 존재하는 사람이다.

충분한 군인과 무기, 싸울 의지를 갖춘 나라야말로 무기와 군인을 쓰지 않을 수 있는 자강력을 갖춘 나라가 될 수 있다. 평화는 거저 오는 것이 아니다. 전쟁에 대비하고 전쟁을 결단할 수 있는 나라만이 진정한 평화를 가져올 수 있다고 역사는 말하고 있다.

♣ 정치란 무엇인가?

정치란 누가 더 권력을 갖느냐가 아니라, 어찌 공조하여 더 나은 세상을 만들 것인가를 궁구하는 것이다. 그렇다면 최고의 정치가는 누구인가? 백성을 사랑하는 정치가, 즉 국민을 사랑하고 섬기는 자가 최고의 정치가다. 더불어 국민이 부여한 숭고한 사명과 책임을 다하고자 진력하는 사람이 진정한 정치가다.

정치가가 당선 후에 국립현충원을 가장 먼저 방문하는 이유는 무엇인가? 대한민국의 헌신을 잊지 않겠다는 맹세이자 다짐이다. 우리모두 국립현충원으로 가자. 스스로 던진 엄중한 맹세와 다짐을 한시도 잊지 말자. 국민과 역사가 지켜보고 있다.

♣ 국수國粹와 국수주의國粹主義

국수는 나라 국國과 아름다울 수粹가 합쳐진 단어로 '국민의 특성과 역사적·지리적 조건에 의해 발달한 나라 고유의 정신·물질의 아름다운 점과 장점'을 일컫는다.

반면 국수주의國粹主義란 자기 나라의 국민적 특수성만을 우수한것으로 믿고 다른 나라의 문화와 문물을 배척하는 것을 말한다. 국민은 자기가 속한 나라가 살아온 방식과 그 속에서 만들어진 국수를제대로 알아야 나라에 대한 애정이 생기고 나라를 지킬만한 가치가있다는 인식이 만들어 진다. 국수주의를 경계하며 대한민국의 국수를 세계만방에 떨치는 노력이 지금 펼쳐지고 있다.

지과문 (통영 삼도수군통제영)

04

승리의 비결은 자강력에 있다

　자강력自强力은 스스로 힘써 몸과 마음을 가다듬는 힘이다. 지정·지경학적 불확실성이 큰 시대에 자강력 강화는 국가의 생존을 위한 필수 불가결한 요소다.

　지구상 어느 나라도 다른 지역의 분쟁이나 전쟁 여파에서 자유로울 수 없는 국제정치적 상황에 직면하고 있다. 새로운 전쟁 양상에 주목해야 할 시기이다. 무기 체계는 전통적 플랫폼 외에 드론, 미사일 등의 효용성이 크게 증대되고 있다.

　러시아·우크라이나, 이스라엘·하마스, 홍해, 대만해협, 한반도까지 글로벌 발화점이 갈수록 연결되고 상호 의존성이 증가하고 있다. 바야흐로 세계 질서는 진영화와 파편화가 동시에 강화되는 양상이다. 위기와 혼란의 시대 대한민국은 안보를 위해 무엇을 어떻게 해야 할 것인가? 자강력과 연대의 두 축을 강화하여 다중적 안보 불안과 위협에 대비해야 한다.

　자강의 핵심은 강한 군사력이다. 물리적 자강력인 군사력에 정신적 자강인 국민의 단합된 힘과 애국심이 결합하여야 한다. 자강이란 적어도 대한민국에 대한 공격이 이익보다 피해가 훨씬 크다는 것을 피부로 느끼게 할 정도의 국방력을 갖추는 것일 뿐만 아니라 우리의 선택으로 동맹 관계를 맺을 수 있을 정도의 강한 국방력을 갖추는 것을 말한다.

대한민국은 북한의 핵과 미사일 위협에 직면하고 있다. 지난 2021년 8월, 미국 핵 과학자협회보Bulletin of the Atomic Scientists는 미국인, 한국인, 일본인 각각 2,000명을 대상으로 '북한이 한국이나 일본을 핵 공격하는 경우 미국인들은 동맹국을 보호하는 데 찬성할 것인가'에 대한 설문 조사 결과를 공개했다.[55] 북한이 부산을 핵미사일로 공격했다는 재난 경보 문자메시지가 뜨고 대규모 인명 피해가 발생했다는 보고가 들어오고 있다는 상황을 가정할 때, 미국인의 19.3%만이 "북한에 핵 보복을 해야 한다."라고 응답했다. "재래식 미사일로 보복해야 한다."라는 응답자는 37.8%였고, "지상군을 투입해야 한다."라는 사람은 33.9%였다.

오래전 한스 모겐소Hans J. Morgenthau 교수는 "핵 무장한 적국과 싸우는 나라는 일본처럼 대들다 죽든지 혹은 항복하든지 둘 중의 하나를 택해야 하는 상황에 처하게 될 것이다."라고 말했다. 북한이 핵무기를 고도화, 정밀화하는 지금, 한국이 당면한 바로 그 상황이다. 대한민국은 생존을 위해 지금 당장 이 상황을 어떻게 극복할 것인지 대비책을 서둘러야 한다.

국제정치의 본질은 변하지 않는다

지구상 모든 나라는 지금보다 더 부강한 나라이길 원한다. 이런 관점에서 보면 국가 간의 경쟁은 제로섬Zero Sum적인 특성이 강하다. 어떤 나라의 국력이 강해진다는 것은 경쟁하는 다른 나라의 국력이 약화한다는 것을 의미하기 때문이다. 국제정치 영역에선 자국의 국익에 맞춰 때로는 친구가 될 수도 적이 될 수도 있다.

미국의 국제정치학자 타니샤 파잘Tanisha Fazal은 《국가의 죽음State Death》이라는 책에서 1816년부터 2000년까지 존재하는 207개 국가 중 66개국이 사라진 사실을 발견했다. 전체 국가 중 약 32%가 이 기간에 소멸하였다고 주장한다. 특히 소멸한 66개 국가 중 50개 국가가 이웃 나라의 폭력(전쟁)에 의해 사라졌다고 강조했다. 국가는 국가 안보, 즉 생존을 제1의 국가 목표로 설정하고 국가이익이 가장 절대적인 명제라는 사실을 증명한다.

국제사회에서 국가의 지위와 권리

국제사회에는 개별 국가는 독립권, 평등권, 불가침권, 명예권, 외교교섭권을 갖는 국제법이 있다. 그러나 중앙집권적 권력은 존재하지 않으며 세계 각국은 오직 자국의 국가이익에 따라 행동한다. 다시 말해 국제사회에서 국가는 자국의 국가이익을 위해 자신의 의지로 무력행사를 포함하는 행동의 자유를 가진다. 이러한 행동의 자유는 국가 간 여러 형태의 흥정, 협력, 분쟁 등으로 나타난다. 국제정치의 주도권은 강대국에 있다. 따라서 법적 평등과 정치적 평등을 혼동해서는 안 된다.

국가는 전쟁하는 조직이다

국가를 상징하는 '나라 국國'은 '땅위에 사람이 창을 들고 서서 지키는 큰 영역'이란 뜻이다. 즉 국가란 사람이 창을 들고 서서 지키는 큰 땅이다. 현대 국가의 3요소인 국민, 영토, 주권이 모두 포함되어 있다. '국가 주권과 영토를 수호하고 국민의 안전을 보호'하는 사활적 국가 목표를 달성하기 위해 우리 군은 더욱 튼튼하고 강해져야 한다.

영원한 안보 딜레마

친구 관계와 국가 관계는 반대다. "가까운 이웃이 멀리 있는 친척보다 좋다."라는 말이 있지만 인접한 국가와는 더 싸우고 다툴 수밖에 없다. 국제정치는 상식이 적용되지 않는다. 역설의 논리, Logic of paradox. 우리는 물건을 사용하기 위해서 사지만, 군대와 무기는 사용하지 않기 위해서 갖춘다.

동맹의 기준

국가 간의 관계에서 '피로 맺어진 동맹국'이라는 의미의 혈맹血盟을 자주 사용하지만 현실적인 관점에서 보면, 국제정치에서 혈맹이라는 개념은 없다.

그렇다면 국제정치를 보는 바람직한 관점은 무엇일까? "국제정치에서 영원한 적도 영원한 친구도 없다."라는 명제에서 해답을 찾을 수 있다. 국가이익이 있을 뿐이다. 前 미국 국무장관이던 헨리 키신저H.A. Kissinger는 1956년 《포린 어페어스Foreign Affairs》에서 "미국엔 영원한 적도 영원한 친구도 없다. 오직 국익만이 존재할 뿐이다"라고 설파했다.

미국 초대 대통령 워싱턴은 "누구를 영원히 나쁜 나라, 누구를 영원히 좋은 나라로 생각하는 것은 스스로를 옭아매는 바보 같은 일이다."라고 말했다. 오늘 우리가 숙고해야 할 경구임에 분명하다.

냉엄한 국제정치 현실에서 동맹은 어떻게 해야 할까? '어떤 나라와 동맹을 맺을 것인가'를 파악하는 데 유용한 기준이 있다. 동맹을 맺으려 할 때 고려해야 할 필수 조건은 ① 가능한 멀리 떨어져 있는 나라, ② 충분한 국가적 이해관계가 있는 나라, ③ 동맹공약을 실행에 옮길 수 있는 강력한 군사 투사력을 보유한 나라이다. 동맹은 친하다고 해서 맺는 게 아니라, 적이 같아야 맺는다. 같은 나라를 공통의 적으로 인정할 때 동맹이 유지된다.

조선 수군 전투모습 (해남 명량대첩지)

제4부 후손들에게 씀함

♣ 왜 당국자는 NCNDNeither Confirm Nor Deny를 할까?

상대방이 아군의 능력이나 방향에 대해 예측할 수 없도록 모호성을 유지하는 것이다. 시인도 부인도 하지 않는 모호성을 유지함으로써 억제 효과를 극대화한다. 모호성을 유지하게 되면 상대방은 모든 가능성을 고려해야 하고, 최악의 상황을 상정하여 대비하게 하여 상대방의 방책과 역량을 분산시킬 수 있는 효과가 있다.

♣ 혼란스러운 상황을 명쾌하게 정리하여 주장하는 법

혼란스러운 상황을 명쾌하게 정리하기 위해서는 언제나 먼저 원칙을 찾는다. 그리고 나서 예외상황을 논의한다. 늘 원칙(관련 법률, 법규, 예규, 관습)이 무엇인지를 찾아두면 문제의 본질에 접근하기가 쉬워지고 해결책을 마련할 수 있다.

05

이순신 최후의 명령 ! 戰方急

이순신이 울린 외침은 천 년을 흘러 후손들이 나라를 지켜 내는 기준이 될 것이다. 전쟁에 승리하는 것보다 전쟁을 예방하는 길이 최선의 길이다. 진정한 평화를 위한 충무공 이순신의 다급한 외침! 전방급戰方急의 울림이 귓가에 맴돈다. 항전의 기상, 승리의 함성이 후손의 가슴에 새겨질 것이기 때문이다.

'노량해전'에서 이순신은 전사했지만, 전투는 한창 진행 중이었고 끝내 일본군을 크게 물리쳐 전쟁에서 승리했다. 이것이야말로 휫손[23]의 진수다. 이순신은 언제나 위급한 상황에서도 당황하지 않고 최선의 수단과 방법을 선택하고 결심했다. 그리고 위험을 무릅쓰고라도 필요하면 부하에게 과감하게 권한을 위임했다. 그 결과 전투 상황에서 이순신이 없었음에도 조선 수군 모두가 이순신이 되어 적과 싸워 이겼다.

'노량해전'에서 대승을 거두었던 조선은 앞장서 분전했던 영웅, 이순신을 잃고 만다. 치열한 전투가 계속되던 가운데 빗발치는 탄환 중 하나가 전투에 앞장서 뜨거운 의지를 다지던 이순신의 가슴에 명중한다. 남은 군사들은 이순신의 명령에 따라 동요하지 않고 전투를 이끌어 갔다. 조명 연합 수군의 대승이었다. 일본군 함선 중 약 200

---

23) 포용력과 사람을 다루는 솜씨, 일이나 사물을 잘 관리하는 수완 등을 일컫는 순 우리말이다.

여 척이 파괴되었고 100여 척을 노획했다.

이순신은 왜 위험을 무릅쓰면서까지 일본군을 섬멸하고자 했을까? 일본은 조선을 침략한 후 전세가 불리해지자 명나라와 협상하며 조선 땅에서 발을 빼고자 했다. 그러면서도 조선에 항복하거나 사죄하지 않았다. 만일 이대로 일본군을 돌려보낸다면 언제든 힘을 추슬러 다시 조선을 침략할 수 있다는 것을 이순신은 알고 있었다. 일본군을 끝까지 추격하여 섬멸하는 것만이 일본이 자행한 잔혹한 전쟁 범죄를 단죄할 유일한 방법이었기 때문이었다.

조선을 전란의 위기에서 구하고 동아시아의 평화를 가져오는 데 기여했던 영웅, 이순신은 후손들에게 뜨거운 외침과 교훈을 던지고 자신이 그토록 사랑했던 조선과 백성, 가족 곁을 떠났다. 이순신이 그토록 지키고자 했던 조선의 바다, 조선의 파도는 이순신과 영원히 함께할 것이다.

그의 부하들은 이순신이 숨을 거두는 순간에도 그가 남긴 말을 모두 그대로 행했다. 완진힌 승리로 일본군을 물리쳤다. 이순신이 남긴 유훈적遺訓的 횟손이다.

이순신의 삶에서 우리가 바로 봐야 할 방향은 분명하다.《난중일기》를 통해 역사의 교훈을 얻는 거울을 마련하고 미래를 내다볼 망원경을 준비했다. 과거 역사의 교훈을 통해 현재 안보 상황을 정확하게 바라보고 더 나은 방향으로 미래를 대비하는 것이다. 배울 점은 더욱 발전시켜 공감대를 넓히고 실패한 것은 정확하게 짚고 분석해 재발하지 않도록 해야 한다. 그것이 자랑스러운 이순신의 후예인 우리들의 역할이자 몫이다.

이순신의 마음은 모든 백성과 곡식을 품는 땅이 되고자 했다. 위정자의 마음이 가야 할 곳은 오직 백성이다. 이순신의 후손들이 대한민국의 번영과 미래를 지켜 나갈 것이다.

　이제 누가 또 다른 이순신이 되어 조선의 바다를 지켜 낼 것인가? 누가 적의 심장에 공포를 심어 줄 조국의 큰 북이 될 것인가? 조선의 이순신, 그의 후손들에게 남겨진 숙제이다.

♣ 기록의 나라, 자랑스러운 유산 활용법

미국이나 일본 등 주요 국가는 자신들의 오늘을 만든 정치지도자들의 사상과 정책을 학습하고 이를 미래 국가 발전의 기반으로 삼으려는 노력을 기울이고 있다. 하버드대학, 미국 아이비리그 대학은 조지 워싱턴이나 알렉산더 해밀턴, 토머스 제퍼슨 등이 남긴 정책의 견서 등을 텍스트로 만들어 교양 교재로 널리 읽히고 있다.

오늘의 대한민국이 있게 한 세종대왕, 이순신, 류성룡, 안중근 등 영웅적인 선조들이 어떤 생각과 행동으로 자신의 임무를 수행했는지에 대한 객관적 사실의 고찰과 학습이 있어야 대한민국이 나아갈 방향을 제대로 설정할 수 있다.

기록의 나라, 대한민국의 자랑스러운 유산을 후대가 다양하게 활용할 수 있는 노력이 절실하다.

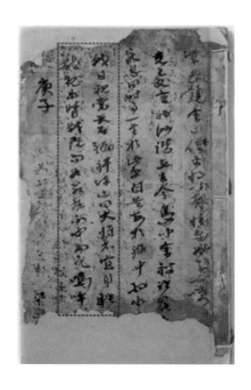

《류성룡비망기입대통력-경자》의 표지에 기록된 이순신 관련 내용 (점선 안, 국가유산청 국립고궁박물관 소재)

戰日, 親當矢石, 褊裨陣止曰, 大將不宜自輕…不聽, 親出督戰, 旣而爲飛丸所中而死, 嗚呼

전투하는 날에 직접 시석화살과 돌을 무릅쓰자, 부장들이 진두지휘하는 것을 만류하며 말하기를 '대장께서 스스로 가벼이 하시면 안 됩니다'라고 했으나 듣지 않고 직접 출전해 전쟁을 독려하다 이윽고 날아온 탄환을 맞고 전사했다. 아아!

♣ 충무공 이순신 11가지 생활신조

① 집안이 나쁘다고 탓하지 말라 ! 나는 몰락한 역적의 가문에서 태어나 가난 때문에 외갓집에서 자라났다.

② 머리가 나쁘고 늦었다고 말하지 말라 ! 나는 첫 시험에서 낙방하고 서른 둘의 늦은 나이에 겨우 과거에 급제했다.

③ 좋은 직위가 아니라고 불평하지 말라 ! 나는 14년 동안 변방 오지의 말단 수비장교로 돌았다.

④ 윗사람의 지시라 어쩔 수 없다고 말하지 말라 ! 나는 정당하지 못한 지시·명령·압력에 따르지 아니하여 파면과 두 번의 백의종군, 옥살이를 하였다.

⑤ 몸이 약하다고 고민하지 말라 ! 나는 평생 고질적인 위장병과 전염병으로 고통받았다.

⑥ 기회가 주어지지 않는다고 불평하지 말라 ! 나는 적군의 침입으로 나라가 위태로워진 후 마흔 일곱에 제독이 되었다.

⑦ 조직의 지원이 없다고 실망하지 말라 ! 나는 스스로 논밭을 갈아 군자금을 만들었고 스물 세 번싸워 모두 이겼다.

⑧ 윗사람이 알아주지 않는다고 불만을 갖지말라 ! 나는 오해와 의심, 질투 등으로 모든 공을 빼앗기고 백의종군과 옥살이, 고문도 받았지만 그 누구도 원망하지 않았다.

⑨ 자본이 없다고 절망하지 말라 ! 나는 빈손으로 돌아온 전쟁터에서 열 두척의 낡은 배로 133척의 적을 막았다

⑩ 옳지 못한 방법으로 가족을 사랑한다 말하지 말라 ! 나는 스무살의 아들을 왜적의 칼날에 잃었고 또다른 아들들과 함께 전쟁터로 나섰다.

⑪ 죽음이 두렵다고 말하지 말라 ! 나는 적들이 물러가는 마지막
전투에서 스스로 죽음을 택했다.

김덕수, 《맨주먹의 CEO, 이순신에게 배워라》 중에서

조일전쟁 조선 수군 사상자 현황

구분	해전	아군 피해	전과
1차출전 (1592년)	옥포해전(5.7.)	1명 부상	적선 26척 격침
	합포해전(5.7.)	피해 없음	적선 5척 격침, 전멸
	적진포해전(5.8.)	피해 없음	적선 11척 격침, 전멸
2차출전 (1592년)	사천해전(5.29.)	2명 부상	적선 13척 격침, 전멸
	당포해전(6.2.)	피해없음	적선 21척 격침, 전멸
	제1차 당항포해전 (6.5.)	알 수 없음	적선 26척 격침, 적 지휘관 전멸
	율포해전(6.7.)	알 수 없음	적선 3척 격침, 4척 포획
3차출전 (1592년)	한산도해전(7.8.)	3명 전사, 10명부상	적선 59척 격침, 14척 나포
	안골포해전(7.10.)	19명 전사, 114명 부상	적선 42척 격침 및 전멸
4차출전 (1592년)	장림포해전(8.29.)	피해없음	적선 6척 격침
	부산포해전(9.1.)	6명전사, 25명 부상	적선 128척 격침
5차출전 (1593년)	웅포해전 (1.10.-3.6.)	협선 4척 전복	적선 51척 격침
6차출전 (1593년)	2차 웅포해전(5.2.)	피해없음	
7차출전 (1594년)	2차 당항포해전 (3.4.)	피해없음	적선 31척 격침, 전멸

8차출전 (1594년)	1차 장문포해전 (9.29.)	피해없음	적선 2척 격침
	영등포해전(10.1.)	피해없음	피해 없음
	2차 장문포해전 (10.4.)	피해없음	피해 없음
9차출전 (1597년)	2차 부산포해전 (2.10.)	피해없음	알 수 없음
10차출전 (1597년)	명량해전(9.16.)	2명전사, 8명 익사	적선 31척 격침
11차출전 (1598년)	절이도해전(7.19.)	30여 명 추정	적선 50여 척 격침
	왜교성전투 (9.20.-10.7.)	130여 명 사상	적선 30여 척 격침, 11척 나포
	노량해전(11.19.)	조선 수군 30-300여 명 전사, 300여 명 사상, 명 수군 500여명 사상	적선 200여 척 격침, 100여척 나포, 150여 척 반파

조일전쟁 조선 수군 사상자 현황 일본 수군 전선의 격침과 사망자에 비해 조선 수군의 사상자는 경미한 것을 알 수 있다.

충무공 이순신 해전 연표

1592년 임진년(이순신 48세)

1월 6일   도요토미 히데요시 전국 영주들에게 총동원령

4월 12일   이순신, 귀선龜船 완성

4월 13일   일본군 선봉 절영도 도착오후 5시

4월 14일   일본군 제1군 고니시 유키나가 부산 상륙

               부산진성 함락, 부산진첨사 정발 전사

4월 15일   동래성 함락, 동래부사 송상현 전사

4월 18일   조령, 죽령, 추풍령에 방어선 편성

               일본군 제2군 가토 기요마사 부산 상륙

4월 19일   언양성 함락

               일본군 제3군 구로다 나가마사 다대포 상륙

4월 20일   김해성 함락

4월 21일   경주성, 창원성 함락

4월 22일   영천성 함락

4월 25일   이일, 상주에서 일본군 제1군에 패배

4월 26일   선조, 이순신에게 경상도 해역으로 출동명령 하달

4월 27일   일본군 제1, 2군 조령 돌파, 성주성 함락,

               경상도 육군 붕괴

4월 28일   신립, 탄금대 배수진 일본군 제1군에 궤멸, 충주성 함락

4월 30일   선조, 한양을 떠나 몽진

5월 3일   일본군 한양 입성

5월 4일   군선 24척을 거느리고 경상도 해역으로 1차 출전

5월 6일   경상우수사 원균, 군선 4척과 당포서 합세

5월 7일   이순신, 옥포해전 승리적선 26척 격파

5월 8일   이순신, 적진포해전 승리적선 11척 격파

5월 9일   이순신, 제1차 출전 후 전라좌수영 귀영

5월 29일	이순신, 사천해전 승리
	* 옥포, 합포, 적진포해전 무공으로 종2품 가선대부로 승진
6월 2일	이순신, 당포해전 승리적선 21척 격파
6월 4일	이순신, 전라우수사 이억기 군선 25척과 당포에서 합세
6월 5일	이순신, 당항포해전 승리
	조선 육군 5만 용인전투에서 일본군 1,600명에 대패
6월 7일	이순신, 율포해전 승리적선 7척 격파
6월 10일	이순신, 제2차 출전 마치고 전라좌수영 귀영
	* 사천, 당포, 당항호, 율포해전 무공으로 정2품 자헌대부로 승진
6월 11일	조선 조정 평양 포기, 의주로 몽진
6월 15일	평양성 함락
7월 6일	이순신, 이억기 선단과 전라좌수영에서 합세
	51척 군선으로 재차 출전원균의 군선 7척과 노량에서 합세
7월 8일	이순신, 한산도 대첩 승리견내량에서 적선 73척 중 59척 격파
7월 10일	이순신, 안골포해전 승리적선 73척 중 59척 격파
7월 13일	이순신, 제3차 출정 마치고 전라좌수영 귀영
	* 한산도해전, 안골포해전 무공으로 정2품 정헌대부로 승진
7월 17일	조명 연합군 평양성 공격 실패
7월 24일	일본군 제2군 함경도 회령 입성
	왕자임해군, 승화군 가토 기요마사에 포로로 잡힘
7월 27일	권응수 의병군 영천성 수복
8월 1일	조헌 의병군 청주성 수복
8월 3일	김면 의병군 거창전투 승리
8월 24일	이순신, 이억기 선단과 전라좌수영에서 합세, 74척 군선으로 제4차 출전
8월 25일	이순신, 원균 선단과 사량에서 합세
9월 1일	이순신, 부산포해전 승리부산포를 공격하여 적선 약 135척 격파
	명나라 사신과 고니시 유키나가 평양에서 강화회담
9월 2일	이순신, 제4차 출전 마치고 전라좌수영 귀영

9월 8일	박진 경주성 탈환
9월 16일	정문부 의병군 함경도 경성 탈환
9월 17일	일본군 제6군 금산성서 철수
10월 10일	진주성 전투 김시민 전사, 진주성 방어
10월 25일	정문부 함경도 명천성 수복
12월 25일	명나라 원군 이여송 본대 4만여 명 정주 도착

1593년 계사년(이순신 49세)

1월 6일	조명 연합군 평양성 공격 개시
1월 9일	조명 연합군 평양성 탈환, 일본군 제1군과 3군 전면 퇴각
1월 15일	경상도 의병군 성주성 탈환
	일본군 제2군 전면 퇴각 시작
1월 22일	이순신, 여수 본영에서 적의 귀로를 차단하라는 임금의 유서를 받음
1월 27일	조명 연합군 벽제관 전투 패배
1월 28일	정문부 함경도 길주성 수복, 명군 개성으로 퇴각
2월 6일	이순신, 제5차 출전
2월 7일	이순신, 견내량에서 원균 선단과 합세
2월 10일	이순신, 제1차 웅포해전
2월 12일	권율 행주산성 전투서 일본군 격퇴
	이순신, 제2차 웅포해전
2월 18일	이순신, 제3차 웅포해전
2월 22일	이순신, 제4차 웅포해전
3월 6일	이순신, 제5차 웅포해전
3월 23일	조선 조정 평양으로 이동
4월 3일	이순신 함대, 제5차 출전 마치고 전라좌수영 귀영
4월 9일	명나라 심유경과 일본 고니시 유키나가 강화회담 결렬
4월 19일	일본군 전면 퇴각 시작
5월 2일	이순신, 여수 본영에서 적의 귀로를 차단하라는 임금의 유서 받음

5월 3일	이순신, 이억기 선단과 전라좌수영에서 합세
5월 7일	이순신, 이억기 선단과 제6차 출전
5월 9일	이순신, 원균 선단과 합세
5월 10일	충청 수군의 지원 요청 조정에 장계
6월 1일	충청 수군 합세
6월 16일	이순신, 견내량 결사방어작전 개시
6월 22일	일본군 진주성 포위공격 개시
6월 29일	진주성 함락, 최경희 등 수비군 옥쇄
7월 15일	이순신 함대, 한산도 두을포에 전진기지를 설치하고 주둔
8월 8일	이여송 등 명군 3만 철군
8월 15일	이순신, 전라좌도 수군절도사 겸 3도 수군통제사에 임명
10월 1일	조선 조정 한양 환도
12월 12일	이순신 함대, 여수 본영으로 귀영, 군선 건조상황 검칙

1594년 갑오년(이순신 50세)

1월 20일	명나라 심유경과 일본 고니시 유키나가 웅천에서 도요토미의 가짜 항복문서 작성
3월 4일	이순신, 제2차 당항포해전 승리적선 31척 격파
8월 3일	명군 철수 완료
8월 17일	이순신, 사천에서 도원수 권율과 군사軍事를 의논
9월 29일	이순신, 장문포해전 승리
10월 1일	이순신, 장문포 상륙작전육군과 연계한 거제도 장문포 수륙합동작전

1595년 을미년(이순신 51세)

2월	이순신, 둔전屯田을 돌아보고 우수영 군사업무 실태 시찰
5월	이순신, 소금을 굽는 등 군진관리에 주력

1596년 병신년(이순신 52세)

1월~12월	이순신, 전쟁 소강기를 맞아 철저한 군진 관리에 전념
5월 10일	일본군 제2군 주력 본국 철수
6월 15일	일본군 제1군 주력 본국 철수
9월 3일	히데요시 명 책봉사 접견 강화회담 결렬, 재침 준비령

1597년 정유년(이순신 53세)

1월 15일	일본군 선발대 1만 1,500명 조선 재침
1월 27일	이순신 파직, 원균을 삼도수군통제사로 임명
5월 8일	명나라 원군 재투입군 5만 5천명 한양 도착
6월 19일	원균 지휘, 조선 수군 안골포 공격
7월 8일	원균 지휘, 조선 수군 다대포 공격
7월 16일	원균 지휘, 조선 수군 칠천량에서 대패
8월 3일	이순신 삼도수군통제사에 재임명
8월 16일	남원성 함락, 황석산성 함락
8월 18일	이순신, 전라도 회령포에서 잔선 12척 수습
8월 20일	이순신, 전라도 이진梨津으로 진을 옮김
8월 25일	전주성 함락
8월 28일	일본군 좌군 주력 순천으로 남하
8월 30일	일본군 우군 주력 한양 향해 북진
9월 2일	일본군 좌군 주력 순천에서 왜성 구축
9월	조정에서 육전에 임하라는 명령이 있자. 이순신, 12척으로 끝까지 전투에 임할 것을 밝힘
9월 16일	이순신, 명량해전 승리13척으로 적선 133척과 맞서 격퇴, 당사도로 진을 옮김, 일본군 전면 퇴각 시작
10월 9일	일본군 남해안 왜성으로 퇴각
10월 29일	이순신, 목포 고하도로 진을 옮김
11월 28일	이순신, 장흥해전에서 적선 16척 격파
12월 23일	조명연합군 울산왜성 총공격

1598년 무술년(이순신 54세)

1월 4일	조명연합군 울산성 공격 실패 퇴각
2월 17일	이순신, 목포 고화도서 고금도로 진을 옮김
7월 16일	명 수군 도독 진린 수군 5천명 이끌고 와 조명 연합선단 편성
7월 24일	이순신, 절이도 해전 승리적선 6척 격파
8월 18일	도요토미 히데요시 사망
9월 21일	조명연합군 동로군 울산성 총공격
	이순신 함대 조명연합선단 참전
10월 2일	조명 연합 서로군 순천 왜성 총공격
10월 3일	명나라 수군 진린 순천 왜성 공방전 패배
10월 13일	이순신 함대, 고금도 진영으로 귀영
10월 15일	일본군 전면 퇴각령
11월 9일	이순신, 조명연합선단을 거느리고 순천에 출전, 순천 소서행장 부대에 대한 해상봉쇄작전 개시
11월 19일	이순신, 노량해전 승리적선 500여 척과 접전하여 200여 척 격파
	* 격렬히 독전하다 전사
11월 24일	조명연합 육군 순천 왜성 입성
11월 26일	전 일본군 퇴각 완료

조일전쟁 주요 해전지

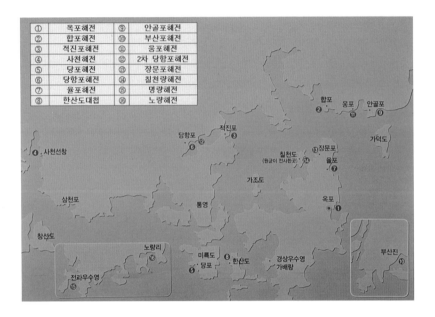

①	옥포해전	⑨	안골포해전
②	합포해전	⑩	부산포해전
③	적진포해전	⑪	웅포해전
④	사천해전	⑫	2차 당항포해전
⑤	당포해전	⑬	장문포해전
⑥	당항포해전	⑭	칠천량해전
⑦	율포해전	⑮	명량해전
⑧	한산도대첩	⑯	노량해전

이순신 생가 및 전적지 따라 여행하기

지역	전적지	주소
아산	현충사	충남 아산시 염치읍 현충사길 126
목포	고하도	전남 목포시 달동 산 230번지 - 충무공 유적 및 기념비
해남	명량대첩지	전남 해남군 문내면 선두리 전남 진도군 군내면 녹진지
	벽파진 전첩비	전남 진도군 고군면 벽파리
완도	고금도 충무사, 유적기념비	전남 완도군 고금면 충무리 및 덕동리 - 마지막 온 힘을 불태웠던 완도
여수	전라좌수영지	전남 여수시 군자동 472
	이순신 어머니 사시던 곳	전남 여수시 웅천동 1420-1 송현마을 - 어머니 변씨와 아내 방씨를 5년간 모신 곳 - 전라남도 지정문화재(문화재자료 295호)
	진남관	전남 여수시 동문로 11
	선소 유적	전남 여수시 고소 3길 13 사당
사천	사천해전지	경남 사천시 용현면 선진리, 사천만 일대 - 거북선 최초 출전해 승리를 거둔 사천해전, 사천시 거북선 최초 승전지 순례길 조성
통영	삼도수군통제영	경남 통영시 세병로 27
	당포해전지	경남 통영시 산양읍 산덕리 당포만 일대
거제	칠천량해전지	경남 거제시 하청면 구연리 옥계마을
	옥포해전지	경남 거제시 옥포동 1번지
	율포해전지	경남 거제시 장목면 대금리-수리도 연안
창원	합포해전지	경남 창원시 진해구 원포동, 합포만일대

아산 현충사와 충무공 고택

이순신 생가 (아산 현충사)

이순신 화살터 (아산 현충사)

아산 현충사

아산 구현충사

충무공 이순신 묘소 (아산 현충사)

충무공 유적 및 기념비

충무공 유적지 (목포 고하도)

명량해전지

명량대첩탑 (전남 해남군 울돌목)

가장 규모가 큰 이순신 동상 (전남 해남군 울돌목)

이순신 어머니 사시던 곳

이충무공 어머니 사시던 곳 (여수시 웅천)

이충무공과 어머니 대화 모습 (여수시 웅천)

선소 세검정과 굴강

선소 세검정 (여수시 웅천)

굴강-거북선 건조 및 대피한 곳 (여수시 웅천)

삼도수군통제영

삼도수군통제영 정문 (경남 통영시 세병로)

세병관 (삼도수군통제영의 중심건물)

삼도수군통제영

통제영 이순신 내아 (일과 후 기거하던 곳)

통제영 이순신 내아 기거 모습

옥포해전 전적지

옥포대첩 기념비 (경남 거제 팔랑포)

옥포해전 전적지

옥포대첩 기념공원 사당 (경남 거제 팔랑포 옥포대첩 기념공원)

옥포루 (경남 거제 팔랑포 옥포대첩 기념공원)

이순신 연구논문 TF-IDF (1/2)

구분	키워드	TF-IDF	구분	키워드	TF-IDF
1	수군	878.3213	36	사회	270.9951
2	조선	761.7183	37	북한	268.2066
3	일본	700.1034	38	자료	266.7049
4	임진왜란	664.7775	39	의미	265.6625
5	지역	580.8091	40	확인	265.1376
6	전쟁	535.2504	41	문헌	264.4208
7	전투	512.8661	42	조사	264.0168
8	해전	448.9068	43	사실	259.2806
9	거북선	444.1991	44	장계	258.8910
10	활동	443.6504	45	구조	254.3670
11	기록	440.586	46	호남	253.5104
12	문화	436.2505	47	정유재란	253.0473
13	영화	410.8508	48	정치	248.9298
14	리더십	399.1168	49	명량	244.4806
15	한국	393.5541	50	문제	244.4331
16	인물	383.0910	51	난중일기	241.7988
17	충무공	377.0924	52	문학	240.8616
18	장군	365.3300	53	선조	239.7898
19	영웅	354.6464	54	서술	239.6317
20	정신	352.4921	55	사용	239.1417
21	국가	345.4197	56	전술	238.8721
22	군사	320.0593	57	강화	238.0066
23	일본군	314.7867	58	사례	236.7196
24	전략	314.5371	59	관계	234.8475
25	교육	314.3322	60	부산포	230.1254
26	소설	301.1824	61	리더	228.6333
27	해군	298.9246	62	무반	228.0683
28	상황	292.4732	63	전력	228.0216
29	민족	287.7516	64	후기	227.1078
30	백성	286.2758	65	조직	225.9160
31	류성룡	275.5548	66	변화	224.4027
32	사업	273.0562	67	징비록	224.1179
33	기억	272.9312	68	노량	222.4322
34	평가	272.7805	69	귀선	220.2022
35	가치	271.1618	70	고찰	220.1964

이순신 연구논문 TF-IDF (2/2)

구분	키워드	TF-IDF
71	의식	219.0915
72	중국	216.9401
73	사료	216.3379
74	임진	215.1303
75	신문	214.4393
76	삶	213.3486
77	지휘	213.2787
78	장수	213.1068
79	나라	212.3255
80	사람	210.4748
81	특징	208.9576
82	통제영	207.9475
83	전설	207.4828
84	목적	207.1019
85	판소리	205.5292
86	운용	204.9741
87	소통	204.6668
88	조정	204.5990
89	죽음	204.3025
90	공간	202.3207
91	역할	201.2979
92	신채호	197.2503
93	좌수영	195.5634
94	자원	195.3129
95	설치	195.3129
96	사상	194.6586
97	전통	194.4694
98	전개	193.9704
99	담론	193.6173
100	해상	192.1916

미래전 연구논문 TF-IDF (1/2)

구분	키워드	TF-IDF	구분	키워드	TF-IDF
1	전쟁	365.9457	36	미국	129.9988
2	기술	275.4527	37	혁명	126.7060
3	인공지능	262.5549	38	전장	121.5778
4	작전	251.9198	39	효율	120.4828
5	체계	247.4095	40	위협	118.9079
6	국방	224.7151	41	시스템	115.1568
7	무기	217.5702	42	첨단	115.0063
8	우주	213.0328	43	기반	111.9068
9	군사	209.0763	44	교육	111.8111
10	전략	205.7535	45	경쟁	111.0399
11	혁신	205.0019	46	사이버	111.0251
12	개념	199.2268	47	효과	106.5364
13	전투	188.4681	48	방안	105.1019
14	드론	181.7576	49	모델	103.1085
15	육군	177.9697	50	로봇	103.0864
16	무인	157.2754	51	네트워크	102.4010
17	국가	156.8688	52	상황	101.8984
18	변화	156.3835	53	대응	101.8984
19	운용	154.7835	54	핵심	100.7884
20	과학	154.6570	55	구축	100.7450
21	러시아	153.7354	56	우크라	100.6260
22	정보	153.3417	57	수준	100.3287
23	데이터	152.6121	58	모자이크	99.6827
24	제도	150.1506	59	국제	98.9630
25	발전	149.8341	60	방법	98.5768
26	지원	148.4963	61	정책	97.5330
27	영역	147.9799	62	중국	97.5200
28	산업	147.8977	63	능력	97.0115
29	북한	142.0377	64	평가	95.6473
30	안보	141.9242	65	세계	94.3061
31	환경	137.2435	66	판단	92.2352
32	한국	136.3871	67	자율	91.7424
33	전력	135.7933	68	인력	91.5728
34	양상	135.2479	69	지능화	91.4843
35	방향	131.8767	70	과제	91.2997

미래전 연구논문 TF-IDF (2/2)

구분	키워드	TF-IDF
71	아제르바이잔	91.2079
72	통신	90.6712
73	인식	89.1259
74	무인기	89.0024
75	위성	88.5546
76	한국군	88.1718
77	정치	88.1525
78	중요	87.7914
79	전술	87.6787
80	요소	87.6238
81	제안	87.6238
82	문제	87.2456
83	결과	87.1661
84	통제	86.9521
85	한반도	86.1520
86	기획	85.1751
87	체제	85.1486
88	방식	84.2218
89	레이저	83.8567
90	복합	83.3516
91	지역	83.1152
92	지휘	83.0640
93	구조	82.2408
94	조직	81.9580
95	지상	80.7567
96	요인	80.5966
97	교리	78.8658
98	군사력	75.3960
99	군수	74.8484
100	우주력	74.7620

참고문헌

《교감 완역 난중일기》, 이순신 지음, 노승석 옮김, 민음사, 2010.

《난중일기》, 이순신 지음, 박종평 옮김, 글항아리, 2018.

《이순신 승리의 리더십》, 임원빈 지음, 한국경제신문사, 2008.

《이순신의 리더십》, 이선호 지음, 팔복원, 2011.

《이순신의 리더십》, 이창호 지음, 해피북스, 2021.

《이순신의 삶과 장교의 도》, 장용운 지음, 양서각, 2009.

《이순신, 신은 이미 준비를 마치었나이다》, 김종대 지음, 가디언, 2012.

《이순신의 두얼굴》, 김태훈 지음, 창해, 2004.

《이순신처럼 생각하고 리드하라》, 유성은 지음, 평단, 2001.

《이순신의 일기》, 박혜일·최희동·배영덕·김명섭, 북코리아, 2022.

《이순신의 난중일기》, 이순신 지음, 노승석 옮김, 동아일보사, 2005.

《이순신의 일상에서 리더십을 읽다》, 김헌식 지음, 평민사, 2009.

《우리가 몰랐던 이순신》, 고광섭·최영섭 지음, 북코리아, 2009.

《위인전이 숨기는 이순신 이야기》, 김헌식 지음, 평민사, 2004.

《임진장초》, 이순신 지음, 조성도 옮김, 연경문화사, 1997.

《징비록》, 유성룡 지음, 남윤수 역해, 하서 출판사, 2005.

《평화를 원하거든》, 박휘락, 21세기군사연구소, 2011.

《충무공 이순신전서 제1권》, 박기봉 지음, 비봉출판사, 2006.

《충무공 이순신전서 제2권》, 박기봉 지음, 비봉출판사, 2006.

《충무공 이순신전서 제3권》, 박기봉 지음, 비봉출판사, 2006.

《충무공 이순신전서 제4권》, 박기봉 지음, 비봉출판사, 2006.

《충무공 이순신 전집 1》, 최두환 지음, 도서출판 宇石, 1999.

《충무공 이순신 전집 2》, 최두환 지음, 도서출판 宇石, 1999.

《충무공 이순신 전집 3》, 최두환 지음, 도서출판 宇石, 1999.

《충무공 이순신 전집 4》, 최두환 지음, 도서출판 宇石, 1999.
《충무공 이순신 전집 5》, 최두환 지음, 도서출판 宇石, 1999.
《충무공 이순신 전집 6》, 최두환 지음, 도서출판 宇石, 1999.
《충무공 이순신전서-이분 행록》, 이분 지음, 박기봉 편역, 비봉출판사, 2006.
《흥망의 갈림길에 서다》, 이춘근 지음, 일곡문화재단, 2015.
《미래의 전쟁 핸드북》, 합동군사대학교 동북아군사연구센터, 2022.

원문을 찾아볼 수 있는 사이트

한국고전번역연구원, 한국고전종합DBhttps://db.itkc.or.kr/dir/
item?itemId=MO#dir/node?grpId=&itemId=MO&gubun=book&depth=
5&cate1=Z&cate2=&dataGubun=%EC%B5%9C%EC%A2%85%EC%A
0%95%EB%B3%B4&dataId=ITKC_MO_0232A_0050_010_0020
문화재청, 국가문화유산포털www.heritage.go.kr
국사편찬위원회-조선왕조실록https://sillok.history.go.kr/id/
kna_12506021_004

사진자료 출처

난중일기 초고본, 국가유산청 현충사관리소
정유일기, 국가유산청 현충사관리소
이순신 초상화, 국가유산청 현충사관리소
진남관, 여수시
천자총통·지자총통·현자총통, 국립중앙박물관
통영 삼도수군통제영
해남 명량대첩지
거제 옥포해전지
pixabay표지 배경 사진 이미지

미주

01 병자 국지대사 사생지지 존망지도 불가불찰야兵者 國之大事 死生之地 存亡之道 不可不察也

02 홉스, 스피노자, 니버, 모겐소 등은 인간의 호전적 본성 때문에 전쟁이 발발한다고 보았으며, 본성이 불변인 이유로 전쟁도 불가피하다는 결론에 도달했다. 이지원, "전쟁 원인의 복합성과 비극적 서사"국제정치논총 제55집 2호, 2015, 51쪽

03 아자 가트 저, 오은숙·이재만 역,《문명과 전쟁》고유서가, 2017

04 칸트, 윌슨, 레닌 등은 특정 정치체제나 경제체제 때문에 전쟁이 발발한다고 주장했다. 이지원, "전쟁 원인의 복합성과 비극적 서사"국제정치논총 제55집 2호, 2015, 49쪽

05 투키디데스와 루소 등은 "국제사회는 각 국가의 위반에 대해 처벌할 수 있는 세계정부가 없기 때문에 전쟁이 반복된다."라고 주장했다.

06 지피지기 승내불태知彼知己 勝乃不殆, 지천지지 승내가전地天知地 勝乃可全

07 천天, 지地, 현玄, 황자黃字 총통 중에서 외형이 천자총통 다음으로 큰 유통식 중화기다. 지자총통은 이순신이 전선에서 주로 사용하였다. 화약 20냥과 조난환鳥卵丸 20개를 폭발장치로 발사하고 장군전을 넣어 사용하는데 사정거리는 800보이다.《융원필비》

08 1593년 11월 1일,《沿海軍兵糧器全屬舟師狀》연해의 군병·군량·병기를 수군에 전속시켜 주기를 청하는 장계. 좌도와 우도에서 전선을 더 만들 것이 모두 150척이며, 척후하는 협선이 150척으로서 사부와 격군이 무려 2만 9,000여 명이나 소요되는데, 그 수를 채울 길이 없으니, 참으로 민망하고 염려됩니다.

09 '한산도 대첩'에서 조선 수군은 왜 적선 101척을 쳐부수고 왜군 250급을 참획하여 전쟁이 벌어진 이후 가장 많은 전과를 거둠으로써 제해권을 완전히 장악했다. 적군의 공격적 전략에 변화를 주어 아군의 활동이 자유롭게 된 결과를 가져왔기에 대첩이라 불릴 만 하다.

10 세키부네관선, 關船는 주력 전투선으로 등선백병전登船白兵戰에 적합한 함선이고 아타케부네안택선, 安宅船는 주로 대장선이나 병마와 군량을 운송하는 화물수송용으로 사용됐다.

11 대장군전은 천자총통에 사용하는 화살이며, 장군전은 지자총통에 사용하는 화살이다.

12 국사편찬위원회-조선왕조실록https://sillok.history.go.kr/id/kna_12506021_004 선조실록 27권, 선조 25년 6월 21일 기유 4번째기사원균과 이순신이 한산도·당포에서 승전한 일에 대한 기록

13 최두환, 《충무공이순신 전집 제6권》도서출판 宇石, 1999, 185쪽

14 1593년 2월 20일, 《계사일기》

15 《李忠武公全書 券2 狀啓 12 玉浦破倭兵狀》

16 《李忠武公全書 券2 狀啓 18 唐浦破倭兵狀》

17 2007년 미국의 전략가인 프랭크 호프만Frank Hoffman이 처음 제안한 군사전략 이론으로, 군사적 조치와 비군사적 조치를 적절히 섞어 활용하며 전쟁을 수행한다는 개념을 담고 있다.

18 John J. McCuen, "Hybrid Wars," Military Review, Vol.88, No.2, 2008, 107-113쪽

19 1593년 11월 2일《선조실록》에는 류성룡이 "행군할 때 먼저 선봉을 보내어 험한 곳이 있으면 달려와 알리는 자는 척후이고, 높은 곳에 올라 망보아 성식聲息이 있으면 달려와 알리는 자는 요망瞭望입니다."라고 말하는 장면이 기록되어 있다.

20 합동참모본부, 『합동 연합작전 군사용어사전』2014, 219쪽

21 김성우, "비대칭전 주요사례 연구", 「융합보안논문지 16권 6호 1호」

22 Edward A. Smith, 권영근·정구돈·강태원 역, 『전승의 요건 : 효과중심작전』 2006, 81쪽

23 첨자찰진에서 학익진으로 변경했다고 주장하는 연구자도 있다.

24 적이 아군의 최대 사정거리에 오기 직전에 진행 방향을 180도로 바꾸어 본래대로 적진을 향하게 한다. 새 위치로 이동되는 소요 시간은 기동 속력 2노트로 15분, 3노트로 10분 정도 소요된 것으로 추정된다.

25 양재숙, 《다시쓰는 임진대전쟁》고려원, 1994, 203쪽

26 최두환, 《충무공 이순신 전집 제3권》도서출판 宇石, 199.4., 54-55쪽

27 거북선이 옥포해전부터 참가했다는 주장도 있으나《임진장초》에 의하면 1592년 5월 29일 사천에서 처음으로 전투에 참가한 것이 확실해 보인다.

28 최두환, 《이충무공전집 제3권》도서출판 宇石, 1999, 168-169쪽

29 이순신 지음·노승석 옮김, 《난중일기》여해연구소, 2014, 169쪽

30 《이충무공전서 권2. 釜山跛倭兵狀》

31 《이충무공전서 권10. 見乃梁破倭兵狀》

32 《李忠武公全書 券2 狀啓 33. 見乃梁破倭兵狀》

33 배달형·전덕종·김진영, 《어떻게 경쟁하고 승리할 것인가?》GDC미디어, 2022,

34 김남철·최영찬·한상근, 《인지전》2022, 합동군사대학교, 165쪽

35 김남철·최영찬·한상근, 《인지전》2022, 합동군사대학교, 164쪽

36 최두환, 《충무공 이순신 전집 제5권》도서출판 石宇, 1999, 437쪽

37 최두환, 《충무공 이순신 전집 제5권》도서출판 石宇, 1999, 459쪽

38 1592년 5월 10일, 《玉浦破倭兵狀》

39 박기봉 편역, 《충무공 이순신 전서 제4권》비봉출판사, 2006, 329-330쪽

40 국정호, 《세종과 이순신, K리더십》해드림출판사, 2022

41 《이충무공행록》, 1598년 11월 19일

42 최두환, 《이충무공전집 제6권》, 도서출판 宇石, 1999, 463쪽

43 최두환, 《이충무공전집 제6권》, 도서출판 宇石, 1999, 323쪽

44 《행록》, 《선조실록》 발췌, 최두환, 《이충무공전집 제3권》, 도서출판 宇石, 1999, 439쪽

45 의미연결망 분석semantic network analysis은 단어 간에 공유된 의미를 바탕으로 구조의 체계화를 분석하는 소셜 네트워크 분석 기법으로 수집된 데이터의 키워드 간 연결 관계를 파악하는 방법이다. 의미연결망 분석은 특정한 주제의 방식과 단어를 어떻게 사용하고 배치했는지에 대한 텍스트 간의 구조적 분석이 가능하다.

46 고도원, 고도원의 아침편지m.godowon.com, 진정한 리더십, 2002.12.20.

47 당항포 해전은 5월 29일부터 6월 7일까지 제2차 출동에서 연속적으로 작전을 벌인 사천, 당포통영 남쪽 미륵도, 당항포고성군 회화면, 율포거제군 장목면의 해전 가운데 가장 전과가 많았던 당항포를 꼽아 부른 것이다.

48 이순신이 정철正鐵, 무쇠를 불려 만든 쇠로 새로 고안하여 만든 총통, 1593년 8월 장계封進火砲狀에 "왜군의 총통은 총신이 길고 총구멍이 깊어서 포력이 맹렬한 반면, 우리나라의 승자나 쌍혈총통은 총신이 짧고 총구멍이 얕아서 성능이 왜군의 조총만 못하니 훈련원 주부 정사준도 묘법을 생각해 내어 이필종, 안성, 동지 등을 데리고 정찰을 만들게 했습니다."라고 하였다. 이순신 지음·노승석 옮김, 『난중일기』도시출판 여해, 2014, 127쪽

49 대한궁도협회의 승급 및 승단 심사 규정을 보면 9순45시을 기준으로 33중6단, 35중7단, 37중8단 39중9단으로 구분한다. 승급 및 입·승단 심사규정 2023.11.9.

50 방성석, 《위기의 시대, 이순신이 답하다》중앙 북스, 2013, 91쪽

51 1997.3.27. 95헌가17

52 각 도의 요충지마다 주진主鎭, 거진巨鎭, 제진諸鎭이 설치됐다. 규모가 가장 주진의 지휘관은 수군절도사였고 거진과 제진은 각각 수군첨절제사와 수군 만호가 맡았다. 《경국대전》, 1485.

53 이선호, 《이순신의 리더십》팔복원, 2011, 41-44쪽

54 매일경제 1997.3.15일, 〈율곡의 6대 안보과제 재음미〉

55 뉴데일리 2022년 10월 26일 자, 미국인 19.3% "북한이 부산에 핵공격하면 핵보복해야"